UNIVERS DES LETTRES BORDAS

Texte intégral * Commentaire de J.-L. Poirier

Collection dirigée par Jean-Yves Chateau

DESCARTES

LES MÉDITATIONS MÉTAPHYSIQUES

Commentaire
avec notices biographique et bibliographique,

D1115538

Jean-Louis POIRIER

Agrégé de Philosophie
Professeur de Première supérieure au lycée Henri IV à Paris

Bordas

© Bordas, Paris 1987
I.S.B.N. : 2-04-016854-0.   I.S.S.N. 1142-6543.

AVANT-PROPOS

Les ouvrages de cette collection ont pour finalité première non pas de permettre aux lecteurs d'apprendre des doctrines philosophiques mais d'apprendre à philosopher.

Cependant philosopher ne consiste pas dans le simple exercice d'une méditation qui ne confronte jamais ses raisons avec celles des autres, mais implique un dialogue avec les grandes œuvres philosophiques : « Il n'y a pas d'autre méthode de penser que de lire les penseurs » (Alain, *Les Idées et les âges*).

Il faut donc lire les philosophes eux-mêmes, comme le demandent les programmes du baccalauréat ou des concours d'entrée aux grandes écoles littéraires, scientifiques ou commerciales. Mais il faut les lire comme des philosophes, c'est-à-dire en philosophant soi-même : identifier leurs thèses, saisir leur articulation, analyser leur argumentation, apprécier leur portée, se mettre, à leur égard, en situation de dialogue et de réflexion critiques. C'est le rôle du commentaire, des notes et de l'index des notions qui accompagnent chaque texte, d'aider l'apprenti-philosophe à mener une lecture effective, à discuter avec rigueur, et à produire l'explication qu'on attend de lui dans les examens et les concours.

Sommaire

Biographie

1596 Naissance à La Haye, en Touraine.
1606 Collège de La Flèche.
1618 Départ en Hollande. Entrée dans l'armée de Maurice de Nassau. Nombreux voyages.
1628 Composition des *Règles pour la direction de l'esprit*. Installation en Hollande. Réside successivement dans de nombreuses villes. Fréquents voyages en France.
1637 *Discours de la méthode*.
1641 *Les Méditations métaphysiques*.
1644 *Les Principes de la philosophie*.
1649 Départ pour la Suède, sur l'invitation de la reine Christine.
     Les Passions de l'âme.
1650 Mort à Stockholm.

Bibliographie

1. Textes des *Méditations métaphysiques*
Les Méditations métaphysiques, texte latin, traduction, objections et réponses par Florence Khodoss, collection SUP, « Les grands textes », P.U.F., 1956.
Les Méditations métaphysiques, présentation par J.-M. et M. Beyssade, Garnier-Flammarion, 1979.

2. Ouvrages sur Descartes

a) Initiation

P. GUENANCIA, *Descartes,* Bordas, 1986.
G. RODIS-LEWIS, *L'œuvre de Descartes,* 2 vol., Vrin, 1971. *Descartes,* Textes et débats, Le livre de poche, 1984.

b) Ouvrages fondamentaux

F. ALQUIÉ, *La découverte métaphysique de l'homme chez Descartes,* P.U.F., 1950.
J.-M. Beyssade, *La philosophie première de Descartes,* Flammarion, 1979.
H. GOUHIER, *Études sur Descartes,* Vrin, 1937.
M. GUEROULT, *Descartes selon l'ordre des raisons,* 2 vol., Aubier-Montaigne, 1953.
J. LAPORTE, *Le rationalisme de Descartes,* P.U.F., 1945.

MÉDITATIONS

TOUCHANT

LA PREMIÈRE PHILOSOPHIE

DANS LESQUELLES

L'EXISTENCE DE DIEU ET LA DISTINCTION RÉELLE ENTRE L'ÂME ET LE CORPS DE L'HOMME SONT DÉMONTRÉES

Avertissement

Les Méditations métaphysiques ont été publiées, en latin, en 1641 à Paris et en 1642 à Amsterdam. La traduction que nous proposons est celle du duc de Luynes, parue en 1647, et revue par Descartes. Nous avons retenu le texte de l'édition Adam et Tannery (tome IX-1), dont nous avons modernisé l'orthographe. Nous ne donnons ni l'*Épître dédicatoire*, ni la *Préface* — à laquelle nous faisons allusion dans notre commentaire, mais qui ne se trouve pas dans l'édition de 1647 —, ni l'*Abrégé* des *Méditations*.

Les alinéas, qui ne sont pas de Descartes, sont ceux de l'édition Adam et Tannery ; leur numérotation a été ajoutée par nos soins afin d'aider le lecteur à se repérer. Ce découpage n'a donc aucune signification particulière.

Les mots suivis d'un astérisque sont expliqués dans le glossaire, en fin de volume.

Les ouvrages dont les titres sont mentionnés sans nom d'auteur sont de Descartes.

créance : croyance

PREMIÈRE MÉDITATION

Des choses que l'on peut révoquer en doute.

(tout ce que l'on peut douter)

[1] Il y a déjà quelque temps que je me suis aperçu que, dès mes premières années, j'avais reçu quantité de fausses opinions pour véritables, et que ce que j'ai depuis fondé sur des principes si mal assurés ne pouvait être que fort douteux et incertain ; de façon qu'il me fallait entreprendre sérieusement une fois en ma vie de me défaire de toutes les opinions que j'avais reçues jusques alors en ma créance, et commencer tout de nouveau dès les fondements, si je voulais établir quelque chose de ferme et de constant dans les sciences. Mais cette entreprise me semblant être fort grande, j'ai attendu que j'eusse atteint un âge qui fût si mûr, que je n'en pusse espérer d'autre après lui, auquel je fusse plus propre à l'exécuter ; ce qui m'a fait différer si longtemps, que désormais je croirais commettre une faute, si j'employais encore à délibérer le temps qui me reste pour agir.

[2] Maintenant donc que mon esprit est libre de tous soins, et que je me suis procuré un repos assuré dans une paisible solitude, je m'appliquerai sérieusement et avec liberté à détruire généralement toutes mes anciennes opinions. Or il ne sera pas nécessaire, pour arriver à ce dessein, de prouver qu'elles sont toutes fausses, de quoi peut-être je ne viendrais jamais à bout ; mais, d'autant que la raison me persuade déjà que je ne dois pas moins soigneusement m'empêcher de donner créance aux choses qui ne sont pas entièrement certaines et indubitables, qu'à celles qui nous paraissent manifestement être fausses, le moindre sujet de douter que j'y trouverai suffira pour me les faire toutes rejeter. Et pour cela il n'est pas besoin que je les examine chacune en particulier, ce qui serait d'un travail infini ; mais, parce que la ruine des fondements entraîne nécessairement avec soi tout le reste de l'édifice, je m'attaquerai d'abord aux principes, sur lesquels toutes mes anciennes opinions étaient appuyées.

[3] Tout ce que j'ai reçu jusqu'à présent pour le plus vrai et assuré, je l'ai appris des sens, ou par les sens : or j'ai quelquefois éprouvé que ces sens étaient trompeurs, et il est de la prudence de ne se fier jamais entièrement à ceux qui nous ont une fois trompés.

[4] Mais, encore que les sens nous trompent quelquefois, touchant les choses peu sensibles et fort éloignées, il s'en rencontre peut-être beaucoup d'autres, desquelles on ne peut pas raisonnablement douter, quoique nous les connaissions par leur moyen : par exemple, que je sois ici, assis auprès du feu, vêtu d'une robe de chambre, ayant ce papier entre les mains, et autres choses de cette nature. Et comment est-ce que je pourrais nier que ces mains et ce corps-ci soient à moi ? si ce n'est peut-être que je me compare à ces insensés, de qui le cerveau est tellement troublé et offusqué par les noires vapeurs de la bile, qu'ils

assurent constamment qu'ils sont des rois, lorsqu'ils sont très pauvres ; qu'ils sont vêtus d'or et de pourpre, lorsqu'ils sont tout nus ; ou s'imaginent être des cruches, ou avoir un corps de verre. Mais quoi ? ce sont des fous, et je ne serais pas moins extravagant si je me réglais sur leurs exemples.

[5] Toutefois, j'ai ici à considérer que je suis homme, et par conséquent que j'ai coutume de dormir et de me représenter en mes songes les mêmes choses, ou quelquefois de moins vraisemblables, que ces insensés, lorsqu'ils veillent. Combien de fois m'est-il arrivé de songer, la nuit, que j'étais en ce lieu, que j'étais habillé, que j'étais auprès du feu, quoique je fusse tout nu dedans mon lit ? Il me semble bien à présent que ce n'est point avec des yeux endormis que je regarde ce papier ; que cette tête que je remue n'est point assoupie ; que c'est avec dessein et de propos délibéré que j'étends cette main, et que je la sens : ce qui arrive dans le sommeil ne semble point si clair ni si distinct que tout ceci. Mais, en y pensant soigneusement, je me ressouviens d'avoir été souvent trompé, lorsque je dormais, par de semblables illusions. Et m'arrêtant sur cette pensée, je vois si manifestement qu'il n'y a point d'indices concluants, ni de marques assez certaines par où l'on puisse distinguer nettement la veille d'avec le sommeil, que j'en suis tout étonné ; et mon étonnement est tel, qu'il est presque capable de me persuader que je dors.

[6] Supposons donc maintenant que nous sommes endormis, et que toutes ces particularités-ci, à savoir que nous ouvrons les yeux, que nous remuons la tête, que nous étendons les mains, et choses semblables, ne sont que de fausses illusions ; et pensons que peut-être nos mains, ni tout notre corps, ne sont pas tels que nous les voyons. Toutefois, il faut au moins avouer que les choses qui nous sont représentées dans

le sommeil sont comme des tableaux et des peintures, qui ne peuvent être formées qu'à la ressemblance de quelque chose de réel et de véritable ; et qu'ainsi, pour le moins, ces choses générales, à savoir des yeux, une tête, des mains, et tout le reste du corps, ne sont pas choses imaginaires, mais vraies et existantes. Car de vrai les peintres, lors même qu'ils s'étudient avec le plus d'artifice à représenter des sirènes et des satyres par des formes bizarres et extraordinaires, ne leur peuvent pas toutefois attribuer des formes et des natures entièrement nouvelles, mais font seulement un certain mélange et composition des membres de divers animaux ; ou bien, si peut-être leur imagination est assez extravagante pour inventer quelque chose de si nouveau, que jamais nous n'ayons rien vu de semblable, et qu'ainsi leur ouvrage nous représente une chose purement feinte et absolument fausse, certes à tout le moins les couleurs dont ils le composent doivent-elles être véritables.

[7] Et par la même raison, encore que ces choses générales, à savoir des yeux, une tête, des mains, et autres semblables, pussent être imaginaires, il faut toutefois avouer qu'il y a des choses encore plus simples et plus universelles, qui sont vraies et existantes ; du mélange desquelles, ni plus ni moins que de celui de quelques véritables couleurs, toutes ces images des choses qui résident en notre pensée, soit vraies et réelles, soit feintes et fantastiques, sont formées. De ce genre de choses est la nature corporelle en général, et son étendue ; ensemble la figure des choses étendues, leur quantité ou grandeur, et leur nombre ; comme aussi le lieu où elles sont, le temps qui mesure leur durée, et autres semblables.

[8] C'est pourquoi peut-être que de là nous ne conclurons pas mal, si nous disons que la physique, l'astronomie, la médecine, et toutes les autres sciences qui dépendent de la considération des choses

composées, sont fort douteuses et incertaines ; mais que l'arithmétique, la géométrie, et les autres sciences de cette nature, qui ne traitent que de choses fort simples et fort générales, sans se mettre beaucoup en peine si elles sont dans la nature, ou si elles n'y sont pas, contiennent quelque chose de certain et d'indubitable. <u>Car, soit que je veille ou que je dorme, deux et trois joints ensemble formeront toujours le nombre de cinq, et le carré n'aura jamais plus de quatre côtés ; et il ne semble pas possible que des vérités si apparentes puissent être soupçonnées d'aucune fausseté ou d'incertitude.</u>

[9] Toutefois, il y a longtemps que j'ai dans mon esprit une certaine opinion, qu'il y a <u>un Dieu</u> qui peut tout, et par qui j'ai été créé et produit tel que je suis. Or qui me peut avoir assuré que ce Dieu n'ait point fait qu'il n'y ait aucune terre, aucun ciel, aucun corps étendu, aucune figure, aucune grandeur, aucun lieu, et que néanmoins j'aie les sentiments de toutes ces choses, et que tout cela ne me semble point exister autrement que je le vois ? Et même, comme je juge quelquefois que les autres se méprennent, même dans les choses qu'ils pensent savoir avec le plus de certitude, il se peut faire qu'il ait voulu que je me trompe toutes les fois que je fais l'addition de deux et de trois, ou que je nombre les côtés d'un carré, ou que je juge de quelque chose encore plus facile, si l'on se peut imaginer rien de plus facile que cela. Mais peut-être que Dieu n'a pas voulu que je fusse déçu de la sorte, car <u>il est dit</u> souverainement bon. Toutefois, si cela répugnait à sa bonté, de m'avoir fait tel que je me trompasse toujours, cela semblerait aussi lui être aucunement contraire, de permettre que je me trompe quelquefois, et néanmoins je ne puis douter qu'il ne le permette.

[10] Il y aura peut-être ici des personnes qui aimeront mieux nier l'existence d'un Dieu si puissant, que

de croire que toutes les autres choses sont incertaines. Mais ne leur résistons pas pour le présent, et supposons, en leur faveur, que tout ce qui est dit ici d'un Dieu soit une fable. Toutefois, de quelque façon qu'ils supposent que je sois parvenu à l'état et à l'être que je possède, soit qu'ils l'attribuent à quelque destin ou fatalité, soit qu'ils le réfèrent au hasard, soit qu'ils veuillent que ce soit par une continuelle suite et liaison des choses, il est certain que, puisque faillir et se tromper est une espèce d'imperfection, d'autant moins puissant sera l'auteur qu'ils attribueront à mon origine, d'autant plus sera-t-il probable que je suis tellement imparfait que je me trompe toujours. Auxquelles raisons je n'ai certes rien à répondre, mais je suis contraint d'avouer que, de toutes les opinions que j'avais autrefois reçues en ma créance pour véritables, il n'y en a pas une de laquelle je ne puisse maintenant douter, non par aucune inconsidération ou légèreté, mais pour des raisons très fortes et mûrement considérées : de sorte qu'il est nécessaire que j'arrête et suspende désormais mon jugement sur ces pensées, et que je ne leur donne pas plus de créance, que je ferais à des choses qui me paraîtraient évidemment fausses, si je désire trouver quelque chose de constant et d'assuré dans les sciences.

[11] Mais il ne suffit pas d'avoir fait ces remarques, il faut encore que je prenne soin de m'en souvenir ; car ces anciennes et ordinaires opinions me reviennent encore souvent en la pensée, le long et familier usage qu'elles ont eu avec moi leur donnant droit d'occuper mon esprit contre mon gré, et de se rendre presque maîtresses de ma créance. Et je ne me désaccoutumerai jamais d'y acquiescer, et de prendre confiance en elles, tant que je les considérerai telles qu'elles sont en effet, c'est à savoir en quelque façon douteuses, comme je viens de montrer, et toutefois

fort probables, en sorte que l'on a beaucoup plus de raison de les croire que de les nier. C'est pourquoi je pense que j'en userai plus prudemment, si, prenant un parti contraire, j'emploie tous mes soins à me tromper moi-même, feignant que toutes ces pensées sont fausses et imaginaires ; jusques à ce qu'ayant tellement balancé mes préjugés, qu'ils ne puissent faire pencher mon avis plus d'un côté que d'un autre, mon jugement ne soit plus désormais maîtrisé par de mauvais usages et détourné du droit chemin qui le peut conduire à la connaissance de la vérité. Car je suis assuré que cependant il ne peut y avoir de péril ni d'erreur en cette voie, et que je ne saurais aujourd'hui trop accorder à ma défiance, puisqu'il n'est pas maintenant question d'agir, mais seulement de méditer et de connaître.

[12] Je supposerai donc qu'il y a, non point un vrai Dieu, qui est la souveraine source de vérité, mais un certain <u>mauvais génie</u>, non moins rusé et trompeur que puissant, qui a employé toute son industrie à me tromper. Je penserai que le ciel, l'air, la terre, les couleurs, les figures, les sons et toutes les choses extérieures que nous voyons, ne sont que des illusions et tromperies, dont il se sert pour surprendre ma crédulité. Je me considérerai moi-même comme n'ayant point de mains, point d'yeux, point de chair, point de sang, comme n'ayant aucuns sens, mais croyant faussement avoir toutes ces choses. Je demeurerai obstinément attaché à cette pensée ; et si, par ce moyen, il n'est pas en mon pouvoir de parvenir à la connaissance d'aucune vérité, à tout le moins il est en ma puissance de suspendre mon jugement. C'est pourquoi je prendrai garde soigneusement de ne point recevoir en ma croyance aucune fausseté, et préparerai si bien mon esprit à toutes les ruses de ce grand trompeur, que, pour puissant et rusé qu'il soit, il ne pourra jamais rien imposer.

mauvais génie

[13] Mais ce dessein est pénible et laborieux, et une certaine paresse m'entraîne insensiblement dans le train de ma vie ordinaire. Et tout de même qu'un esclave qui jouissait dans le sommeil d'une liberté imaginaire, lorsqu'il commence à soupçonner que sa liberté n'est qu'un songe, craint d'être réveillé, et conspire avec ces illusions agréables pour en être plus longuement abusé, ainsi je retombe insensiblement de moi-même dans mes anciennes opinions, et j'appréhende de me réveiller de cet assoupissement, de peur que les veilles laborieuses qui succéderaient à la tranquillité de ce repos, au lieu de m'apporter quelque jour et quelque lumière dans la connaissance de la vérité, ne fussent pas suffisantes pour éclaircir les ténèbres des difficultés qui viennent d'être agitées.

Qu'est ce que je suis.

MÉDITATION SECONDE

De la nature de l'esprit humain ;
et qu'il est plus aisé à connaître que le corps.

[1] La Méditation que je fis hier m'a rempli l'esprit
de tant de doutes qu'il n'est plus désormais en ma
puissance de les oublier. Et cependant je ne vois pas
de quelle façon je les pourrai résoudre ; et comme si
tout à coup j'étais tombé dans une eau très profonde,
je suis tellement surpris, que je ne puis ni assurer mes
pieds dans le fond, ni nager pour me soutenir au-
dessus. Je m'efforcerai néanmoins, et suivrai derechef la même voie où j'étais entré hier, en m'éloignant de tout ce en quoi je pourrai imaginer le moindre doute, tout de même que si je connaissais que cela
fût absolument faux ; et je continuerai toujours dans
ce chemin, jusqu'à ce que j'aie rencontré quelque
chose de certain, ou du moins, si je ne puis autre
chose, jusqu'à ce que j'aie appris certainement qu'il
n'y a rien au monde de certain.

[2] Archimède, pour tirer le globe terrestre de sa place et le transporter en un autre lieu, ne demandait rien qu'un point qui fût fixe et assuré. Ainsi j'aurai droit de concevoir de hautes espérances, si je suis assez heureux pour trouver seulement une chose qui soit certaine et indubitable.

[3] Je suppose donc que toutes les choses que je vois sont fausses ; je me persuade que rien n'a jamais été de tout ce que ma mémoire remplie de mensonges me représente ; je pense n'avoir aucun sens ; je crois que le corps, la figure, l'étendue, le mouvement et le lieu ne sont que des fictions de mon esprit. Qu'est-ce donc qui pourra être estimé véritable ? Peut-être rien autre chose, sinon qu'il n'y a rien au monde de certain.

[4] Mais que sais-je s'il n'y a point quelque autre chose différente de celles que je viens de juger incertaines, de laquelle on ne puisse avoir le moindre doute ? N'y a-t-il point quelque Dieu, ou quelque autre puissance, qui me met en l'esprit ces pensées ? Cela n'est pas nécessaire ; car peut-être que je suis capable de les produire de moi-même. Moi donc à tout le moins ne suis-je pas quelque chose ? Mais j'ai déjà nié que j'eusse aucun sens ni aucun corps. J'hésite néanmoins, car que s'ensuit-il de là ? Suis-je tellement dépendant du corps et des sens, que je ne puisse être sans eux ? Mais je me suis persuadé qu'il n'y avait rien du tout dans le monde, qu'il n'y avait aucun ciel, aucune terre, aucuns esprits, ni aucuns corps ; ne me suis-je donc pas aussi persuadé que je n'étais point ? Non certes, j'étais sans doute, si je me suis persuadé, ou seulement si j'ai pensé quelque chose. Mais il y a un je ne sais quel trompeur très puissant et très rusé, qui emploie toute son industrie à me tromper toujours. Il n'y a donc point de doute que je suis, s'il me trompe ; et qu'il me trompe tant qu'il voudra, il ne saurait jamais faire que je ne sois

rien, tant que je penserai être quelque chose. De sorte qu'après y avoir bien pensé, et avoir soigneusement examiné toutes choses, enfin il faut conclure, et tenir pour constant que cette proposition : *Je suis, j'existe,* est nécessairement vraie, toutes les fois que je la prononce, ou que je la conçois en mon esprit.

[5] Mais je ne connais pas encore assez clairement ce que je suis, moi qui suis certain que je suis ; de sorte que désormais il faut que je prenne soigneusement garde de ne prendre pas imprudemment quelque autre chose pour moi, et ainsi de ne me point méprendre dans cette connaissance, que je soutiens être plus certaine et plus évidente que toutes celles que j'ai eues auparavant.

[6] C'est pourquoi je considérerai derechef ce que je croyais être avant que j'entrasse dans ces dernières pensées ; et de mes anciennes opinions je retrancherai tout ce qui peut être combattu par les raisons que j'ai tantôt alléguées, en sorte qu'il ne demeure précisément rien que ce qui est entièrement indubitable. Qu'est-ce donc que j'ai cru être ci-devant ? Sans difficulté, j'ai pensé que j'étais un homme. Mais qu'est-ce qu'un homme ? Dirai-je que c'est un animal raisonnable ? Non certes : car il faudrait par après rechercher ce que c'est qu'animal, et ce que c'est que raisonnable, et ainsi d'une seule question nous tomberions insensiblement en une infinité d'autres plus difficiles et embarrassées, et je ne voudrais pas abuser du peu de temps et de loisir qui me reste, en l'employant à démêler de semblables subtilités. Mais je m'arrêterai plutôt à considérer ici les pensées qui naissent ci-devant d'elles-mêmes en mon esprit, et qui ne m'étaient inspirées que de ma seule nature, lorsque je m'appliquais à la considération de mon être. Je me considérais, premièrement, comme ayant un visage, des mains, des bras, et toute cette machine composée d'os et de chair, telle qu'elle

paraît en un cadavre, laquelle je désignais par le nom de corps. Je considérais, outre cela, que je me nourrissais, que je marchais, que je sentais et que je pensais, et je rapportais toutes ces actions à l'âme ; mais je ne m'arrêtais point à penser ce que c'était que cette âme, ou bien, si je m'y arrêtais, j'imaginais qu'elle était quelque chose extrêmement rare et subtile, comme un vent, une flamme ou un air très délié, qui était insinué et répandu dans mes plus grossières parties. Pour ce qui était du corps, je ne doutais nullement de sa nature ; car je pensais la connaître fort distinctement, et, si je l'eusse voulu expliquer suivant les notions que j'en avais, je l'eusse décrite en cette sorte : par le corps, j'entends tout ce qui peut être terminé par quelque figure ; qui peut être compris en quelque lieu, et remplir un espace en telle sorte que tout autre corps en soit exclu ; qui peut être senti, ou par l'attouchement, ou par la vue, ou par l'ouïe, ou par le goût, ou par l'odorat ; qui peut être mû en plusieurs façons, non par lui-même, mais par quelque chose d'étranger duquel il soit touché et dont il reçoive l'impression. Car d'avoir en soi la puissance de se mouvoir, de sentir et de penser, je ne croyais aucunement que l'on dût attribuer ces avantages à la nature corporelle ; au contraire, je m'étonnais plutôt de voir que de semblables facultés se rencontraient en certains corps.

[7] Mais moi, qui suis-je, maintenant que je suppose qu'il y a quelqu'un qui est extrêmement puissant et, si je l'ose dire, malicieux et rusé, qui emploie toutes ses forces et toute son industrie à me tromper ? Puis-je m'assurer d'avoir la moindre de toutes les choses que j'ai attribuées ci-dessus à la nature corporelle ? Je m'arrête à y penser avec attention, je passe et repasse toutes ces choses en mon esprit, et je n'en rencontre aucune que je puisse dire être en moi. Il n'est pas besoin que je m'arrête à les dénombrer. Passons donc aux attributs de l'âme, et voyons s'il y

en a quelques-uns qui soient en moi. Les premiers sont de me nourrir et de marcher ; mais s'il est vrai que je n'aie point de corps, il est vrai aussi que je ne puis marcher ni me nourrir. Un autre est de sentir ; mais on ne peut aussi sentir sans le corps : outre que j'ai pensé sentir autrefois plusieurs choses pendant le sommeil, que j'ai reconnu à mon réveil n'avoir point en effet senties. Un autre est de penser ; et je trouve ici que la pensée est un attribut qui m'appartient : elle seule ne peut être détachée de moi. *Je suis, j'existe :* cela est certain ; mais combien de temps ? A savoir, autant de temps que je pense ; car peut-être se pourrait-il faire, si je cessais de penser, que je cesserais en même temps d'être ou d'exister. Je n'admets maintenant rien qui ne soit nécessairement vrai : je ne suis donc, précisément parlant, qu'une chose qui pense, c'est-à-dire un esprit, un entendement ou une raison, qui sont des termes dont la signification m'était auparavant inconnue. Or je suis une chose vraie, et vraiment existante ; mais quelle chose ? Je l'ai dit : une chose qui pense. Et quoi davantage ? J'exciterai encore mon imagination pour chercher si je ne suis point quelque chose de plus. Je ne suis point cet assemblage de membres que l'on appelle le corps humain ; je ne suis point un air délié et pénétrant, répandu dans tous ces membres ; je ne suis point un vent, un souffle, une vapeur, ni rien de tout ce que je puis feindre et imaginer, puisque j'ai supposé que tout cela n'était rien, et que, sans changer cette supposition, je trouve que je ne laisse pas d'être certain que je suis quelque chose.

[8] Mais aussi peut-il arriver que ces mêmes choses, que je suppose n'être point, parce qu'elles me sont inconnues, ne sont point en effet différentes de moi, que je connais ? Je n'en sais rien ; je ne dispute pas maintenant de cela, je ne puis donner mon jugement que des choses qui me sont connues : j'ai reconnu

que j'étais, et je cherche quel je suis, moi que j'ai reconnu être. Or il est très certain que cette notion et connaissance de moi-même, ainsi précisément prise, ne dépend point des choses dont l'existence ne m'est pas encore connue ; ni par conséquent, et à plus forte raison, d'aucunes de celles qui sont feintes et inventées par l'imagination. Et même ces termes de feindre et d'imaginer m'avertissent de mon erreur ; car je feindrais en effet, si j'imaginais être quelque chose, puisque imaginer n'est autre chose que contempler la figure ou l'image d'une chose corporelle. Or je sais déjà certainement que je suis, et que tout ensemble il se peut faire que toutes ces images-là, et généralement toutes les choses que l'on rapporte à la nature du corps, ne soient que des songes ou des chimères. En suite de quoi je vois clairement que j'aurais aussi peu de raison en disant : j'exciterai mon imagination pour connaître plus distinctement qui je suis, que si je disais : je suis maintenant éveillé, et j'aperçois quelque chose de réel et de véritable ; mais, parce que je ne l'aperçois pas encore assez nettement, je m'endormirai tout exprès, afin que mes songes me représentent cela même avec plus de vérité et d'évidence. Et ainsi, je reconnais certainement que rien de tout ce que je puis comprendre par le moyen de l'imagination n'appartient à cette connaissance que j'ai de moi-même, et qu'il est besoin de rappeler et détourner son esprit de cette façon de concevoir, afin qu'il puisse lui-même reconnaître bien distinctement sa nature.

[9] Mais qu'est-ce donc que je suis ? Une chose qui pense. Qu'est-ce qu'une chose qui pense ? C'est-à-dire une chose qui doute, qui conçoit, qui affirme, qui nie, qui veut, qui ne veut pas, qui imagine aussi, et qui sent. Certes ce n'est pas peu si toutes ces choses appartiennent à ma nature. Mais pourquoi n'y appartiendraient-elles pas ? Ne suis-je pas encore ce même qui doute presque de tout, qui néanmoins

entends et conçois certaines choses, qui assure et affirme celles-là seules être véritables, qui nie toutes les autres, qui veux et désire d'en connaître davantage, qui ne veux pas être trompé, qui imagine beaucoup de choses, même quelquefois en dépit que j'en aie, et qui en sens aussi beaucoup, comme par l'entremise des organes du corps ? Y a-t-il rien de tout cela qui ne soit aussi véritable qu'il est certain que je suis, et que j'existe, quand même je dormirais toujours, et que celui qui m'a donné l'être se servirait de toutes ses forces pour m'abuser ? Y a-t-il aussi aucun de ces attributs qui puisse être distingué de ma pensée, ou qu'on puisse dire être séparé de moi-même ? Car il est de soi si évident que c'est moi qui doute, qui entends, et qui désire, qu'il n'est pas ici besoin de rien ajouter pour l'expliquer. Et j'ai aussi certainement la puissance d'imaginer ; car encore qu'il puisse arriver (comme j'ai supposé auparavant) que les choses que j'imagine ne soient pas vraies, néanmoins cette puissance d'imaginer ne laisse pas d'être réellement en moi, et fait partie de ma pensée. Enfin je suis le même qui sens, c'est-à-dire qui reçois et connais les choses comme par les organes des sens, puisqu'en effet je vois la lumière, j'ouïs le bruit, je ressens la chaleur. Mais l'on me dira que ces apparences sont fausses et que je dors. Qu'il soit ainsi ; toutefois, à tout le moins, il est très certain qu'il me semble que je vois, que j'ouïs, et que je m'échauffe ; et c'est proprement ce qui en moi s'appelle sentir, et cela, pris ainsi précisément, n'est rien autre chose que penser. D'où je commence à connaître quel je suis, avec un peu plus de lumière et de distinction que ci-devant.

[10] Mais je ne me puis empêcher de croire que les choses corporelles, dont les images se forment par ma pensée, et qui tombent sous le sens, ne soient plus distinctement connues que cette je ne sais quelle partie de moi-même qui ne tombe point sous l'imagination ; quoiqu'en effet ce soit une chose bien étrange,

que des choses que je trouve douteuses et éloignées soient plus clairement et plus facilement connues de moi que celles qui sont véritables et certaines, et qui appartiennent à ma propre nature. Mais je vois bien ce que c'est : mon esprit se plaît de s'égarer, et ne se peut encore contenir dans les justes bornes de la vérité. Relâchons-lui donc encore une fois la bride, afin que, venant ci-après à la retirer doucement et à propos, nous le puissions plus facilement régler et conduire.

[11] Commençons par la considération des choses les plus communes, et que nous croyons comprendre le plus distinctement, à savoir les corps que nous touchons et que nous voyons. Je n'entends pas parler des corps en général, car ces notions générales sont d'ordinaire plus confuses, mais de quelqu'un en particulier. Prenons pour exemple ce morceau de cire qui vient d'être tiré de la ruche : il n'a pas encore perdu la douceur du miel qu'il contenait, il retient encore quelque chose de l'odeur des fleurs dont il a été recueilli ; sa couleur, sa figure, sa grandeur, sont apparentes ; il est dur, il est froid, on le touche, et si vous le frappez, il rendra quelque son. Enfin toutes les choses qui peuvent distinctement faire connaître un corps se rencontrent en celui-ci.

[12] Mais voici que, cependant que je parle, on l'approche du feu : ce qui y restait de saveur s'exhale, l'odeur s'évanouit, sa couleur se change, sa figure se perd, sa grandeur augmente, il devient liquide, il s'échauffe, à peine le peut-on toucher, et quoiqu'on le frappe, il ne rendra plus aucun son. La même cire demeure-t-elle après ce changement ? Il faut avouer qu'elle demeure ; et personne ne le peut nier. Qu'est-ce donc que l'on connaissait en ce morceau de cire avec tant de distinction ? Certes ce ne peut être rien de tout ce que j'y ai remarqué par l'entremise des sens, puisque toutes les choses qui tombaient sous le

goût, ou l'odorat, ou la vue, ou l'attouchement, ou l'ouïe, se trouvent changées, et cependant la même cire demeure. Peut-être était-ce ce que je pense maintenant, à savoir que la cire n'était pas ni cette douceur du miel, ni cette agréable odeur des fleurs, ni cette blancheur, ni cette figure, ni ce son, mais seulement un corps qui un peu auparavant me paraissait sous ces formes, et qui maintenant se fait remarquer sous d'autres. Mais qu'est-ce, précisément parlant, que j'imagine, lorsque je la conçois en cette sorte ? Considérons-le attentivement, et éloignant toutes les choses qui n'appartiennent point à la cire, voyons ce qui reste. Certes il ne demeure rien que quelque chose d'étendu, de flexible et de muable. Or qu'est-ce que cela : flexible et muable ? N'est-ce pas que j'imagine que cette cire étant ronde est capable de devenir carrée, et de passer du carré en une figure triangulaire ? Non certes, ce n'est pas cela, puisque je la conçois capable de recevoir une infinité de semblables changements, et je ne saurais néanmoins parcourir cette infinité par mon imagination, et par conséquent cette conception que j'ai de la cire ne s'accomplit pas par la faculté d'imaginer.

[13] Qu'est-ce maintenant que cette extension ? N'est-elle pas aussi inconnue, puisque dans la cire qui se fond elle augmente, et se trouve encore plus grande quand elle est entièrement fondue, et beaucoup plus encore quand la chaleur augmente davantage ? Et je ne concevrais pas clairement et selon la vérité ce que c'est que la cire, si je ne pensais qu'elle est capable de recevoir plus de variétés selon l'extension, que je n'en ai jamais imaginé. Il faut donc que je tombe d'accord, que je ne saurais pas même concevoir par l'imagination ce que c'est que cette cire, et qu'il n'y a que mon entendement seul qui le conçoive ; je dis ce morceau de cire en particulier, car pour la cire en général, il est encore plus évident. Or quelle est cette cire, qui ne peut être conçue que par l'entendement

ou l'esprit ? Certes c'est la même que je vois, que je touche, que j'imagine, et la même que je connaissais dès le commencement. Mais ce qui est à remarquer, sa perception, ou bien l'action par laquelle on l'aperçoit, n'est point une vision, ni un attouchement, ni une imagination, et ne l'a jamais été, quoiqu'il le semblât ainsi auparavant, mais seulement une inspection de l'esprit, laquelle peut être imparfaite et confuse, comme elle était auparavant, ou bien claire et distincte, comme elle est à présent, selon que mon attention se porte plus ou moins aux choses qui sont en elle, et dont elle est composée.

[14] Cependant je ne me saurais trop étonner, quand je considère combien mon esprit a de faiblesse, et de pente qui le porte insensiblement dans l'erreur. Car encore que sans parler je considère tout cela en moi-même, les paroles toutefois m'arrêtent, et je suis presque trompé par les termes du langage ordinaire ; car nous disons que nous voyons la même cire, si on nous la présente, et non pas que nous jugeons que c'est la même, de ce qu'elle a même couleur et même figure : d'où je voudrais presque conclure que l'on connaît la cire par la vision des yeux, et non par la seule inspection de l'esprit, si par hasard je ne regardais d'une fenêtre des hommes qui passent dans la rue, à la vue desquels je ne manque pas de dire que je vois des hommes, tout de même que je dis que je vois de la cire ; et cependant que vois-je de cette fenêtre, sinon des chapeaux et des manteaux, qui peuvent couvrir des spectres ou des hommes feints qui ne se remuent que par ressorts ? Mais je juge que ce sont de vrais hommes ; et ainsi je comprends, par la seule puissance de juger qui réside en mon esprit, ce que je croyais voir de mes yeux.

[15] Un homme qui tâche d'élever sa connaissance au-delà du commun doit avoir honte de tirer des occasions de douter des formes et des termes de par-

ler du vulgaire ; j'aime mieux passer outre, et considérer, si je concevais avec plus d'évidence et de perfection ce qu'était la cire, lorsque je l'ai d'abord aperçue, et que j'ai cru la connaître par le moyen des sens extérieurs, ou à tout le moins du sens commun, ainsi qu'ils appellent, c'est-à-dire de la puissance imaginative, que je ne la conçois à présent, après avoir plus exactement examiné ce qu'elle est, et de quelle façon elle peut être connue. Certes il serait ridicule de mettre cela en doute, Car, qu'y avait-il dans cette première perception qui fût distinct et évident, et qui ne pourrait pas tomber en même sorte dans le sens du moindre des animaux ? Mais quand je distingue la cire d'avec ses formes extérieures, et que, tout de même que si je lui avais ôté ses vêtements, je la considère toute nue, certes, quoiqu'il se puisse encore rencontrer quelque erreur dans mon jugement, je ne la puis concevoir de cette sorte sans un esprit humain.

[16] Mais enfin que dirai-je de cet esprit, c'est-à-dire de moi-même ? Car jusques ici je n'admets en moi autre chose qu'un esprit. Que prononcerai-je, dis-je, de moi qui semble concevoir avec tant de netteté et de distinction ce morceau de cire ? Ne me connais-je pas moi-même, non seulement avec bien plus de vérité et de certitude, mais encore avec beaucoup plus de distinction et de netteté ? Car si je juge que la cire est, ou existe, de ce que je la vois, certes il suit bien plus évidemment que je suis, ou que j'existe moi-même, de ce que je la vois. Car il se peut faire que ce que je vois ne soit pas en effet de la cire ; il peut aussi arriver que je n'aie pas même des yeux pour voir aucune chose ; mais il ne se peut pas faire que lorsque je vois, ou (ce que je ne distingue plus) lorsque je pense voir, que moi qui pense ne soit quelque chose. De même, si je juge que la cire existe, de ce que je la touche, il s'ensuivra encore la même chose, à savoir que je

suis ; et si je le juge de ce que mon imagination me le persuade, ou de quelque autre cause que ce soit, je conclurai toujours la même chose. Et ce que j'ai remarqué ici de la cire se peut appliquer à toutes les autres choses qui me sont extérieures, et qui se rencontrent hors de moi.

[17] Or si la notion ou la connaissance de la cire semble être plus nette et plus distincte, après qu'elle a été découverte non seulement par la vue ou par l'attouchement, mais encore par beaucoup d'autres causes, avec combien plus d'évidence, de distinction et de netteté, me dois-je connaître moi-même, puisque toutes les raisons qui servent à connaître et concevoir la nature de la cire, ou de quelque autre corps, prouvent beaucoup plus facilement et plus évidemment la nature de mon esprit ? Et il se rencontre encore tant d'autres choses en l'esprit même, qui peuvent contribuer à l'éclaircissement de sa nature, que celles qui dépendent du corps, comme celles-ci, ne méritent quasi pas d'être nombrées.

[18] Mais enfin me voici insensiblement revenu où je voulais ; car, puisque c'est une chose qui m'est à présent connue qu'à proprement parler nous ne concevons les corps que par la faculté d'entendre qui est en nous, et non point par l'imagination ni par les sens, et que nous ne les connaissons pas de ce que nous les voyons, ou que nous les touchons, mais seulement de ce que nous les concevons par la pensée, je connais évidemment qu'il n'y a rien qui me soit plus facile à connaître que mon esprit. Mais, parce qu'il est presque impossible de se défaire si promptement d'une ancienne opinion, il sera bon que je m'arrête un peu en cet endroit, afin que, par la longueur de ma méditation, j'imprime plus profondément en ma mémoire cette nouvelle connaissance.

réflexion intérieure de l'esprit avec nous-même. Et de l'esprit avec ses propres limites.

MÉDITATION TROISIÈME
De Dieu ; qu'il existe.

rappelle de sa méthode

[1] Je fermerai maintenant les yeux, je boucherai mes oreilles, je détournerai tous mes sens, j'effacerai même de ma pensée toutes les images des choses corporelles, ou du moins, parce qu'à peine cela se peut-il faire, je les réputerai comme vaines et comme fausses ; et ainsi m'entretenant seulement moi-même, et considérant mon intérieur, je tâcherai de me rendre peu à peu plus connu et plus familier à moi-même. Je suis une chose qui pense, c'est-à-dire qui doute, qui affirme, qui nie, qui connaît peu de choses, qui en ignore beaucoup, qui aime, qui hait, qui veut, qui ne veut pas, qui imagine aussi, et qui sent. Car, ainsi que j'ai remarqué ci-devant, quoique les choses que je sens et que j'imagine ne soient peut-être rien du tout hors de moi et en elles-mêmes, je suis néanmoins assuré que ces façons de penser, que j'appelle sentiments et imaginations, en tant seulement qu'elles

def méd.

J'ai des idées de sensations, mais ce n'est peut-être pas vrai.

sont des façons de penser, résident et se rencontrent certainement en moi. Et dans ce peu que je viens de dire, je crois avoir rapporté tout ce que je sais véritablement, ou du moins tout ce que jusques ici j'ai remarqué que je savais.

[2] Maintenant, je considérerai plus exactement si peut-être il ne se retrouve point en moi d'autres connaissances que je n'aie pas encore aperçues. Je suis certain que je suis une chose qui pense ; mais ne sais-je donc pas aussi ce qui est requis pour me rendre certain de quelque chose ? Dans cette première connaissance, il ne se rencontre rien qu'une claire et distincte perception de ce que je connais ; laquelle de vrai ne serait pas suffisante pour m'assurer qu'elle est vraie, s'il pouvait jamais arriver qu'une chose que je concevrais ainsi clairement et distinctement se trouvât fausse. Et partant, il me semble que déjà je puis établir pour règle générale que toutes les choses que nous concevons fort clairement et fort distinctement sont toutes vraies.

[3] Toutefois, j'ai reçu et admis ci-devant plusieurs choses comme très certaines et très manifestes, lesquelles néanmoins j'ai reconnu par après être douteuses et incertaines. Quelles étaient donc ces choses-là ? C'était la terre, le ciel, les astres, et toutes les autres choses que j'apercevais par l'entremise de mes sens. Or qu'est-ce que je concevais clairement et distinctement en elles ? Certes rien autre chose sinon que les idées ou les pensées de ces choses se présentaient à mon esprit. Et encore à présent je ne nie pas que ces idées ne se rencontrent en moi. Mais il y avait encore une autre chose que j'assurais, et qu'à cause de l'habitude que j'avais à la croire, je pensais apercevoir très clairement, quoique véritablement je ne l'aperçusse point, à savoir qu'il y avait des choses hors de moi, d'où procédaient ces idées, et auxquelles elles étaient tout à fait semblables. Et c'était en cela

que je me trompais ; ou, si peut-être je jugeais selon
la vérité, ce n'était aucune connaissance que j'eusse,
qui fût cause de la vérité de mon jugement.

[4] Mais lorsque je considérais quelque chose de fort
simple et de fort facile touchant l'arithmétique et la
géométrie, par exemple que deux et trois joints
ensemble produisent le nombre de cinq, et autres
choses semblables, ne les concevais-je pas au moins
assez clairement pour assurer qu'elles étaient vraies ?
Certes si j'ai jugé depuis qu'on pouvait douter de ces
choses, ce n'a point été pour autre raison, que parce
qu'il me venait en l'esprit que peut-être quelque Dieu
avait pu me donner une telle nature, que je me trompasse même touchant les choses qui me semblent les
plus manifestes. Mais toutes les fois que cette opinion
ci-devant conçue de la souveraine puissance d'un
Dieu se présente à ma pensée, je suis contraint
d'avouer qu'il lui est facile, s'il le veut, de faire en
sorte que je m'abuse, même dans les choses que je
crois connaître avec une évidence très grande. Et au
contraire toutes les fois que je me tourne vers les choses que je pense concevoir fort clairement, je suis tellement persuadé par elles, que de moi-même je me
laisse emporter à ces paroles : Me trompe qui pourra,
si est-ce qu'il ne saurait jamais faire que je ne sois
rien, tandis que je penserai être quelque chose ; ou
que quelque jour il soit vrai que je n'aie jamais été,
étant vrai maintenant que je suis ; ou bien que deux
et trois joints ensemble fassent plus ni moins que
cinq, ou choses semblables, que je vois clairement ne
pouvoir être d'autre façon que je les conçois.

[5] Et certes, puisque je n'ai aucune raison de croire
qu'il y ait quelque Dieu qui soit trompeur, et même
que je n'aie pas encore considéré celles qui prouvent
qu'il y a un Dieu, la raison de douter qui dépend seulement de cette opinion, est bien légère, et pour ainsi
dire métaphysique. Mais afin de la pouvoir tout à fait

ôter, je dois examiner s'il y a un Dieu, sitôt que l'occasion s'en présentera ; et si je trouve qu'il y en ait un, je dois aussi examiner s'il peut être trompeur : car sans la connaissance de ces deux vérités, je ne vois pas que je puisse jamais être certain d'aucune chose. Et afin que je puisse avoir occasion d'examiner cela sans interrompre l'ordre de méditer que je me suis proposé, qui est de passer par degrés des notions que je trouverai les premières en mon esprit à celles que j'y pourrai trouver après, il faut ici que je divise toutes mes pensées en certains genres, et que je considère dans lesquels de ces genres il y a proprement de la vérité ou de l'erreur.

[en marge : ordre connu vers l'inconnu]

[6] Entre mes pensées, quelques-unes sont comme les images des choses, et c'est à celles-là seules que convient proprement le nom d'idée : comme lorsque je me représente un homme, ou une chimère, ou le ciel, ou un ange, ou Dieu même. D'autres, outre cela, ont quelques autres formes : comme, lorsque je veux, que je crains, que j'affirme ou que je nie, je conçois bien alors quelque chose comme le sujet de l'action de mon esprit, mais j'ajoute aussi quelque autre chose par cette action à l'idée que j'ai de cette chose-là ; et de ce genre de pensées, les unes sont appelées <u>volontés ou affections</u>, et les autres <u>jugements</u>.

[en marge : classification des pensées]

[7] Maintenant, pour ce qui concerne les idées, si on les considère seulement en elles-mêmes, et qu'on ne les rapporte point à quelque autre chose, elles ne peuvent, à proprement parler, être fausses ; car soit que j'imagine une chèvre ou une chimère, il n'est pas moins vrai que j'imagine l'une que l'autre.

[8] Il ne faut pas craindre aussi qu'il se puisse rencontrer de la fausseté dans les affections ou volontés ; car encore que je puisse désirer des choses mauvaises, ou même qui ne furent jamais, toutefois il n'est pas pour cela moins vrai que je les désire.

Jugement

[9] Ainsi il ne reste plus que les seuls jugements, dans lesquels je dois prendre garde soigneusement de ne me point tromper. Or la principale erreur et la plus ordinaire qui s'y puisse rencontrer consiste en ce que je juge que les idées qui sont en moi sont semblables, ou conformes à des choses qui sont hors de moi ; car certainement, si je considérais seulement les idées comme de certains modes ou façons de ma pensée, sans les vouloir rapporter à quelque autre chose d'extérieur, à peine me pourraient-elles donner occasion de faillir.

[10] Or de ces idées les unes me semblent être nées avec moi, les autres être étrangères et venir de dehors, et les autres être faites et inventées par moi-même. Car, que j'aie la faculté de concevoir ce que c'est qu'on nomme en général une chose, ou une vérité, ou une pensée, il me semble que je ne tiens point cela d'ailleurs que de ma nature propre ; mais si j'ouïs maintenant quelque bruit, si je vois le soleil, si je sens de la chaleur, jusqu'à cette heure j'ai jugé que ces sentiments procédaient de quelques choses qui existent hors de moi ; et enfin il me semble que les sirènes, les hippogriffes et toutes les autres semblables chimères sont des fictions et inventions de mon esprit. Mais aussi peut-être me puis-je persuader que toutes ces idées sont du genre de celles que j'appelle étrangères, et qui viennent de dehors, ou bien qu'elles sont toutes nées avec moi, ou bien qu'elles ont toutes été faites par moi ; car je n'ai point encore clairement découvert leur véritable origine. Et ce que j'ai principalement à faire en cet endroit est de considérer, touchant celles qui me semblent venir de quelques objets qui sont hors de moi, quelles sont les raisons qui m'obligent à les croire semblables à ces objets.

[11] La première de ces raisons est qu'il me semble que cela m'est enseigné par la nature ; et la seconde, que j'expérimente en moi-même que ces idées ne

dépendent point de ma volonté ; car souvent elles se présentent à moi malgré moi, comme maintenant, soit que je le veuille, soit que je ne le veuille pas, je sens de la chaleur, et pour cette cause je me persuade que ce sentiment ou bien cette idée de la chaleur est produite en moi par une chose différente de moi, à savoir par la chaleur du feu auprès duquel je me rencontre. Et je ne vois rien qui me semble plus raisonnable que de juger que cette chose étrangère envoie et imprime en moi sa ressemblance plutôt qu'aucune autre chose.

[12] Maintenant il faut que je voie si ces raisons sont assez fortes et convaincantes. Quand je dis qu'il me semble que cela m'est enseigné par la nature, j'entends seulement par ce mot de nature une certaine inclination qui me porte à croire cette chose, et non pas une lumière naturelle qui me fasse connaître qu'elle est vraie. Or ces deux choses diffèrent beaucoup entre elles ; car je ne saurais rien révoquer en doute de ce que la lumière naturelle me fait voir être vrai, ainsi qu'elle m'a tantôt fait voir que, de ce que je doutais, je pouvais conclure que j'étais. Et je n'ai en moi aucune autre faculté, ou puissance, pour distinguer le vrai du faux, qui me puisse enseigner que ce que cette lumière me montre comme vrai ne l'est pas, et à qui je me puisse tant fier qu'à elle. Mais, pour ce qui est des inclinations qui me semblent aussi m'être naturelles, j'ai souvent remarqué, lorsqu'il a été question de faire choix entre les vertus et les vices, qu'elles ne m'ont pas moins porté au mal qu'au bien ; c'est pourquoi je n'ai pas sujet de les suivre non plus en ce qui regarde le vrai et le faux.

[13] Et pour l'autre raison, qui est que ces idées doivent venir d'ailleurs, puisqu'elles ne dépendent pas de ma volonté, je ne la trouve non plus convaincante. Car tout de même que ces inclinations, dont je parlais tout maintenant, se trouvent en moi, nonobstant

qu'elles ne s'accordent pas toujours avec ma volonté, ainsi peut-être qu'il y a en moi quelque faculté ou puissance propre à produire ces idées sans l'aide d'aucunes choses extérieures, bien qu'elle ne me soit pas encore connue ; comme en effet il m'a toujours semblé jusques ici que, lorsque je dors, elles se forment ainsi en moi sans l'aide des objets qu'elles représentent. Et enfin, encore que je demeurasse d'accord qu'elles sont causées par ces objets, ce n'est pas une conséquence nécessaire qu'elles doivent leur être semblables. Au contraire, j'ai souvent remarqué, en beaucoup d'exemples, qu'il y avait une grande différence entre l'objet et son idée. Comme, par exemple, je trouve dans mon esprit deux idées du soleil toutes diverses : l'une tire son origine des sens, et doit être placée dans le genre de celles que j'ai dit ci-dessus venir de dehors, par laquelle il me paraît extrêmement petit ; l'autre est prise des raisons de l'astronomie, c'est-à-dire de certaines notions nées avec moi, ou enfin est formée par moi-même de quelque sorte que ce puisse être, par laquelle il me paraît plusieurs fois plus grand que toute la terre. Certes, ces deux idées que je conçois du soleil ne peuvent pas être toutes deux semblables au même soleil ; et la raison me fait croire que celle qui vient immédiatement de son apparence est celle qui lui est le plus dissemblable.

[14] Tout cela me fait assez connaître que jusques à cette heure ce n'a point été par un jugement certain et prémédité, mais seulement par une aveugle et téméraire impulsion, que j'ai cru qu'il y avait des choses hors de moi, et différentes de mon être, qui, par les organes de mes sens, ou par quelque autre moyen que ce puisse être, envoyaient en moi leurs idées ou images, et y imprimaient leurs ressemblances.

[15] Mais il se présente encore une autre voie pour rechercher si, entre les choses dont j'ai en moi les idées, il y en a quelques-unes qui existent hors de

moi. A savoir, si ces idées sont prises en tant seulement que ce sont de certaines façons de penser, je ne reconnais entre elles aucune différence ou inégalité, et toutes semblent procéder de moi d'une même sorte ; mais, les considérant comme des images, dont les unes représentent une chose et les autres une autre, il est évident qu'elles sont fort différentes les unes des autres. Car, en effet, celles qui me représentent des substances sont sans doute quelque chose de plus, et contiennent en soi (pour ainsi parler) plus de réalité objective, c'est-à-dire participent par représentation à plus de degrés d'être ou de perfection, que celles qui me représentent seulement des modes ou accidents. De plus, celle par laquelle je conçois un Dieu souverain, éternel, infini, immuable, tout connaissant, tout-puissant, et Créateur universel de toutes les choses qui sont hors de lui ; celle-là, dis-je, a certainement en soi plus de réalité objective que celles par qui les substances finies me sont représentées.

[16] Maintenant, c'est une chose manifeste par la lumière naturelle, qu'il doit y avoir pour le moins autant de réalité dans la cause efficiente et totale que dans son effet : car d'où est-ce que l'effet peut tirer sa réalité, sinon de sa cause ? et comment cette cause la lui pourrait-elle communiquer, si elle ne l'avait en elle-même ?

[17] Et de là il suit, non seulement que le néant ne saurait produire aucune chose, mais aussi que ce qui est plus parfait, c'est-à-dire qui contient en soi plus de réalité, ne peut être une suite et une dépendance du moins parfait. Et cette vérité n'est pas seulement claire et évidente dans les effets qui ont cette réalité que les philosophes appellent actuelle ou formelle, mais aussi dans les idées où l'on considère seulement la réalité qu'ils nomment objective : par exemple, la pierre qui n'a point encore été non seulement ne peut pas maintenant commencer d'être, si elle n'est pro-

duite par une chose qui possède en soi formellement, ou éminemment, tout ce qui entre en la composition de la pierre, c'est-à-dire qui contienne en soi les mêmes choses ou d'autres plus excellentes que celles qui sont dans la pierre ; et la chaleur ne peut être produite dans un sujet qui en était auparavant privé, si ce n'est par une chose qui soit d'un ordre, d'un degré ou d'un genre au moins aussi parfait que la chaleur, et ainsi des autres. Mais encore, outre cela, l'idée de la chaleur, ou de la pierre, ne peut pas être en moi, si elle n'y a été mise par quelque cause, qui contienne en soi pour le moins autant de réalité que j'en conçois dans la chaleur ou dans la pierre. Car encore que cette cause-là ne transmette en mon idée aucune chose de sa réalité actuelle ou formelle, on ne doit pas pour cela s'imaginer que cette cause doive être moins réelle ; mais on doit savoir que toute idée étant un ouvrage de l'esprit, sa nature est telle qu'elle ne demande de soi aucune autre réalité formelle que celle qu'elle reçoit et emprunte de la pensée ou de l'esprit, dont elle est seulement un mode, c'est-à-dire une manière ou façon de penser. Or, afin qu'une idée contienne une telle réalité objective plutôt qu'une autre, elle doit sans doute avoir cela de quelque cause, dans laquelle il se rencontre pour le moins autant de réalité formelle que cette idée contient de réalité objective. Car si nous supposons qu'il se trouve quelque chose dans l'idée, qui ne se rencontre pas dans sa cause, il faut donc qu'elle tienne cela du néant ; mais, pour imparfaite que soit cette façon d'être, par laquelle une chose est objectivement ou par représentation dans l'entendement par son idée, certes on ne peut pas néanmoins dire que cette façon et manière-là ne soit rien, ni par conséquent que cette idée tire son origine du néant. Je ne dois pas aussi douter qu'il ne soit nécessaire que la réalité soit formellement dans les causes de mes idées, quoique la réalité que je considère dans ces idées soit seulement objective, ni penser qu'il suffit que cette réalité se rencontre objectivement dans leurs causes ; car, tout ainsi que cette manière d'être objectivement appartient aux idées, de leur propre nature, de même aussi la manière ou la façon d'être formellement appartient aux causes de ces idées (à tout le moins aux premières et principales) de leur propre nature. Et encore qu'il puisse arriver qu'une idée donne la naissance à une autre idée, cela ne peut pas toutefois être à l'infini, mais il faut à la fin parvenir à une première idée, dont la cause soit comme un patron ou un original, dans lequel toute la réalité ou perfection soit contenue formellement et en effet, qui se rencontre seulement objectivement ou par représentation dans ces idées. En sorte que la lumière naturelle me fait connaître évidemment que les idées sont en moi comme des tableaux, ou des images, qui peuvent à la vérité facilement déchoir de la perfection des choses dont elles ont été tirées, mais qui ne peuvent jamais rien contenir de plus grand ou de plus parfait.

[18] Et d'autant plus longuement et soigneusement j'examine toutes ces choses, d'autant plus clairement et distinctement je connais qu'elles sont vraies. Mais enfin que conclurai-je de tout cela ? C'est à savoir que, si la réalité objective de quelqu'une de mes idées est telle, que je connaisse clairement qu'elle n'est point en moi, ni formellement, ni éminemment, et que par conséquent je ne puis pas moi-même en être la cause, il suit de là nécessairement que je ne suis pas seul dans le monde, mais qu'il y a encore quelque autre chose qui existe, et qui est la cause de cette idée ; au lieu que, s'il ne se rencontre point en moi de telle idée, je n'aurai aucun argument qui me puisse convaincre et rendre certain de l'existence d'aucune autre chose que de moi-même ; car je les ai tous soigneusement recherchés, et je n'en ai pu trouver aucun autre jusqu'à présent.

[19] Or entre ces idées, outre celle qui me représente à moi-même, de laquelle il ne peut y avoir ici aucune difficulté, il y en a une autre qui me représente un Dieu, d'autres des choses corporelles et inanimées, d'autres des anges, d'autres des animaux, et d'autres enfin qui me représentent des hommes semblables à moi. Mais pour ce qui regarde les idées qui me représentent d'autres hommes, ou des animaux, ou des anges, je conçois facilement qu'elles peuvent être formées par le mélange et la composition des autres idées que j'ai des choses corporelles et de Dieu, encore que hors de moi il n'y eût point d'autres hommes dans le monde, ni aucuns animaux, ni aucuns anges. Et pour ce qui regarde les idées des choses corporelles, je n'y reconnais rien de si grand ni de si excellent, qui ne me semble pouvoir venir de moi-même ; car, si je les considère de plus près, et si je les examine de la même façon que j'examinais hier l'idée de la cire, je trouve qu'il ne s'y rencontre que fort peu de chose que je conçoive clairement et distinctement : à savoir, la grandeur ou bien l'extension en longueur, largeur et profondeur ; la figure qui est formée par les termes et les bornes de cette extension ; la situation que les corps diversement figurés gardent entre eux ; et le mouvement ou le changement de cette situation ; auxquelles on peut ajouter la substance, la durée, et le nombre. Quant aux autres choses, comme la lumière, les couleurs, les sons, les odeurs, les saveurs, la chaleur, le froid, et les autres qualités qui tombent sous l'attouchement, elles se rencontrent dans ma pensée avec tant d'obscurité et de confusion que j'ignore même si elles sont véritables, ou fausses et seulement apparentes, c'est-à-dire si les idées que je conçois de ces qualités sont en effet les idées de quelques choses réelles, ou bien si elles ne me représentent que des êtres chimériques, qui ne peuvent exister. Car, encore que j'aie remarqué ci-devant qu'il n'y a que dans les jugements que se puisse ren-

contrer la vraie et formelle fausseté, il se peut néanmoins trouver dans les idées une certaine fausseté matérielle, à savoir, lorsqu'elles représentent ce qui n'est rien comme si c'était quelque chose. Par exemple, les idées que j'ai du froid et de la chaleur sont si peu claires et si peu distinctes que par leur moyen je ne puis pas discerner si le froid est seulement une privation de la chaleur, ou la chaleur une privation du froid, ou bien si l'une et l'autre sont des qualités réelles, ou si elles ne le sont pas ; et d'autant que, les idées étant comme des images, il n'y en peut avoir aucune qui ne nous semble représenter quelque chose, s'il est vrai de dire que le froid ne soit autre chose qu'une privation de la chaleur, l'idée qui me le représente comme quelque chose de réel et de positif ne sera pas mal à propos appelée fausse, et ainsi des autres semblables idées ; auxquelles certes il n'est pas nécessaire que j'attribue d'autre auteur que moi-même. Car, si elles sont fausses, c'est-à-dire si elles représentent des choses qui ne sont point, la lumière naturelle me fait connaître qu'elles procèdent du néant, c'est-à-dire qu'elles ne sont en moi que parce qu'il manque quelque chose à ma nature, et qu'elle n'est pas toute parfaite. Et si ces idées sont vraies, néanmoins, parce qu'elles me font paraître si peu de réalité, que même je ne puis pas nettement discerner la chose représentée d'avec le non-être, je ne vois point de raison pourquoi elles ne puissent être produites par moi-même, et que je n'en puisse être l'auteur.

[20] Quant aux idées claires et distinctes que j'ai des choses corporelles, il y en a quelques-unes qu'il semble que j'ai pu tirer de l'idée que j'ai de moi-même, comme celle que j'ai de la substance, de la durée, du nombre, et d'autres choses semblables. Car, lorsque je pense que la pierre est une substance, ou bien une chose qui de soi est capable d'exister, puis que je suis

une substance, quoique je conçoive bien que je suis une chose qui pense et non étendue, et que la pierre au contraire est une chose étendue et qui ne pense point, et qu'ainsi entre ces deux conceptions il se rencontre une notable différence, toutefois elles semblent convenir en ce qu'elles représentent des substances. De même, quand je pense que je suis maintenant, et que je me ressouviens outre cela d'avoir été autrefois, et que je conçois plusieurs diverses pensées dont je connais le nombre, alors j'acquiers en moi les idées de la durée et du nombre, lesquelles, par après, je puis transférer à toutes les autres choses que je voudrai.

[21] Pour ce qui est des autres qualités dont les idées des choses corporelles sont composées, à savoir l'étendue, la figure, la situation, et le mouvement de lieu, il est vrai qu'elles ne sont point formellement en moi, puisque je ne suis qu'une chose qui pense ; mais parce que ce sont seulement de certains modes de la substance, et comme les vêtements sous lesquels la substance corporelle nous paraît, et que je suis aussi moi-même une substance, il semble qu'elles puissent être contenues en moi éminemment.

[22] Partant il ne reste que la seule idée de Dieu, dans laquelle il faut considérer s'il y a quelque chose qui n'ait pu venir de moi-même. Par le nom de Dieu j'entends une substance infinie, éternelle, immuable, indépendante, toute connaissante, toute-puissante, et par laquelle moi-même, et toutes les autres choses qui sont (s'il est vrai qu'il y en ait qui existent) ont été créées et produites. Or ces avantages sont si grands et si éminents que, plus attentivement je les considère, et moins je me persuade que l'idée que j'en ai puisse tirer son origine de moi seul. Et par conséquent il faut nécessairement conclure de tout ce que j'ai dit auparavant que Dieu existe ; car, encore que l'idée de la substance soit en moi, de cela même que je suis une

substance, je n'aurais pas néanmoins l'idée d'une substance infinie, moi qui suis un être fini, si elle n'avait été mise en moi par quelque substance qui fût véritablement infinie.

[23] Et je ne me dois pas imaginer que je ne conçois pas l'infini par une véritable idée, mais seulement par la négation de ce qui est fini, de même que je comprends le repos et les ténèbres par la négation du mouvement et de la lumière : puisque au contraire je vois manifestement qu'il se rencontre plus de réalité dans la substance infinie que dans la substance finie, et partant que j'ai en quelque façon premièrement en moi la notion de l'infini, que du fini, c'est-à-dire de Dieu, que de moi-même. Car comment serait-il possible que je pusse connaître que je doute et que je désire, c'est-à-dire qu'il me manque quelque chose et que je ne suis pas tout parfait, si je n'avais en moi aucune idée d'un être plus parfait que le mien, par la comparaison duquel je connaîtrais les défauts de ma nature ?

[24] Et l'on ne peut pas dire que peut-être cette idée de Dieu est matériellement fausse, et que par conséquent je la puis tenir du néant, c'est-à-dire qu'elle peut être en moi pour ce que j'ai du défaut, comme j'ai dit ci-devant des idées de la chaleur et du froid, et d'autres choses semblables : car, au contraire, cette idée étant fort claire et fort distincte, et contenant en soi plus de réalité objective qu'aucune autre, il n'y en a point qui soit de soi plus vraie, ni qui puisse être moins soupçonnée d'erreur et de fausseté.

[25] L'idée, dis-je, de cet être souverainement parfait et infini est entièrement vraie ; car, encore que peut-être l'on puisse feindre qu'un tel être n'existe point, on ne peut pas feindre néanmoins que son idée ne me représente rien de réel, comme j'ai tantôt dit de l'idée du froid.

[26] Cette même idée est aussi fort claire et fort distincte, puisque tout ce que mon esprit conçoit clairement et distinctement de réel et de vrai, et qui contient en soi quelque perfection, est contenu et renfermé tout entier dans cette idée.

[27] Et ceci ne laisse pas d'être vrai, encore que je ne comprenne pas l'infini, ou même qu'il se rencontre en Dieu une infinité de choses que je ne puis comprendre, ni peut-être aussi atteindre aucunement par la pensée : car il est de la nature de l'infini que ma nature, qui est finie et bornée, ne le puisse comprendre ; et il suffit que je conçoive bien cela, et que je juge que toutes les choses que je conçois clairement, et dans lesquelles je sais qu'il y a quelque perfection, et peut-être aussi une infinité d'autres que j'ignore, sont en Dieu formellement ou éminemment, afin que l'idée que j'en ai soit la plus vraie, la plus claire et la plus distincte de toutes celles qui sont en mon esprit.

[28] Mais peut-être aussi que je suis quelque chose de plus que je ne m'imagine, et que toutes les perfections que j'attribue à la nature d'un Dieu sont en quelque façon en moi en puissance, quoiqu'elles ne se produisent pas encore, et ne se fassent point paraître par leurs actions. En effet, j'expérimente déjà que ma connaissance s'augmente et se perfectionne peu à peu, et je ne vois rien qui la puisse empêcher de s'augmenter de plus en plus jusques à l'infini ; puis, étant ainsi accrue et perfectionnée, je ne vois rien qui empêche que je ne puisse m'acquérir par son moyen toutes les autres perfections de la nature divine ; et enfin il semble que la puissance que j'ai pour l'acquisition de ces perfections, si elle est en moi, peut être capable d'y imprimer et d'y introduire leurs idées. Toutefois, en y regardant un peu de près, je reconnais que cela ne peut être ; car, premièrement, encore qu'il fût vrai que ma connaissance acquît tous les jours de nouveaux degrés de perfection, et qu'il y eût

en ma nature beaucoup de choses en puissance, qui n'y sont pas encore actuellement, toutefois tous ces avantages n'appartiennent et n'approchent en aucune sorte de l'idée que j'ai de la Divinité, dans laquelle rien ne se rencontre seulement en puissance, mais tout y est actuellement et en effet. Et même n'est-ce pas un argument infaillible et très certain d'imperfection en ma connaissance, de ce qu'elle s'accroît peu à peu, et qu'elle s'augmente par degrés ? Davantage, encore que ma connaissance s'augmentât de plus en plus, néanmoins je ne laisse pas de concevoir qu'elle ne saurait être actuellement infinie, puisqu'elle n'arrivera jamais à un si haut point de perfection qu'elle ne soit encore capable d'acquérir quelque plus grand accroissement. Mais je conçois Dieu actuellement infini en un si haut degré qu'il ne se peut rien ajouter à la souveraine perfection qu'il possède. Et enfin je comprends fort bien que l'être objectif d'une idée ne peut être produit par un être qui existe seulement en puissance, lequel à proprement parler n'est rien, mais seulement par un être formel ou actuel.

[29] Et certes je ne vois rien en tout ce que je viens de dire qui ne soit très aisé à connaître par la lumière naturelle à tous ceux qui voudront y penser soigneusement ; mais lorsque je relâche quelque chose de mon attention, mon esprit, se trouvant obscurci et comme aveuglé par les images des choses sensibles, ne se ressouvient pas facilement de la raison pourquoi l'idée que j'ai d'un être plus parfait que le mien doit nécessairement avoir été mise en moi par un être qui soit en effet plus parfait.

[30] C'est pourquoi je veux ici passer outre, et considérer si moi-même, qui ai cette idée de Dieu, je pourrais être, en cas qu'il n'y eût point de Dieu. Et je demande, de qui aurais-je mon existence ? Peut-être de moi-même, ou de mes parents, ou bien de quel-

ques autres causes moins parfaites que Dieu ; car on ne se peut rien imaginer de plus parfait, ni même d'égal à lui.

[31] Or, si j'étais indépendant de tout autre, et que je fusse moi-même l'auteur de mon être, certes je ne douterais d'aucune chose, je ne concevrais plus de désirs, et enfin il ne me manquerait aucune perfection ; car je me serais donné à moi-même toutes celles dont j'ai en moi quelque idée, et ainsi je serais Dieu.

[32] Et je ne me dois point imaginer que les choses qui me manquent sont peut-être plus difficiles à acquérir que celles dont je suis déjà en possession ; car au contraire il est très certain qu'il a été beaucoup plus difficile, que moi, c'est-à-dire une chose ou une substance qui pense, soit sorti du néant, qu'il ne me serait d'acquérir les lumières et les connaissances de plusieurs choses que j'ignore, et qui ne sont que des accidents de cette substance. Et ainsi sans difficulté, si je m'étais moi-même donné ce plus que je viens de dire, c'est-à-dire si j'étais l'auteur de ma naissance et de mon existence, je ne me serais pas privé au moins des choses qui sont de plus facile acquisition, à savoir de beaucoup de connaissances dont ma nature est dénuée ; je ne me serais pas privé non plus d'aucune des choses qui sont contenues dans l'idée que je conçois de Dieu, parce qu'il n'y en a aucune qui me semble de plus difficile acquisition ; et s'il y en avait quelqu'une, certes elle me paraîtrait telle (supposé que j'eusse de moi toutes les autres choses que je possède), puisque j'expérimenterais que ma puissance s'y terminerait, et ne serait pas capable d'y arriver.

[33] Et encore que je puisse supposer que peut-être j'ai toujours été comme je suis maintenant, je ne saurais pas pour cela éviter la force de ce raisonnement, et ne laisse pas de connaître qu'il est nécessaire que Dieu soit l'auteur de mon existence. Car tout le temps

de ma vie peut être divisé en une infinité de parties, chacune desquelles ne dépend en aucune façon des autres ; et ainsi, de ce qu'un peu auparavant j'ai été, il ne s'ensuit pas que je doive maintenant être, si ce n'est qu'en ce moment quelque cause me produise et me crée, pour ainsi dire, derechef, c'est-à-dire me conserve.

[34] En effet, c'est une chose bien claire et bien évidente (à tous ceux qui considéreront avec attention la nature du temps), qu'une substance, pour être conservée dans tous les moments qu'elle dure, a besoin du même pouvoir et de la même action, qui serait nécessaire pour la produire et la créer tout de nouveau, si elle n'était point encore. En sorte que la lumière naturelle nous fait voir clairement que la conservation et la création ne diffèrent qu'au regard de notre façon de penser, et non point en effet. Il faut donc seulement ici que je m'interroge moi-même, pour savoir si je possède quelque pouvoir et quelque vertu, qui soit capable de faire en sorte que moi, qui suis maintenant, soit encore à l'avenir : car, puisque je ne suis qu'une chose qui pense (ou du moins puisqu'il ne s'agit encore jusques ici précisément que de cette partie-là de moi-même), si une telle puissance résidait en moi, certes je devrais à tout le moins le penser, et en avoir connaissance ; mais je n'en ressens aucune dans moi, et par là je connais évidemment que je dépends de quelque être différent de moi.

[35] Peut-être aussi que cet être-là, duquel je dépends, n'est pas ce que j'appelle Dieu, et que je suis produit, ou par mes parents, ou par quelques autres causes moins parfaites que lui ? Tant s'en faut, cela ne peut être ainsi. Car, comme j'ai déjà dit auparavant, c'est une chose très évidente qu'il doit y avoir au moins autant de réalité dans la cause que dans son effet. Et partant, puisque je suis une chose qui pense, et qui ai en moi quelque idée de Dieu,

quelle que soit enfin la cause que l'on attribue à ma nature, il faut nécessairement avouer qu'elle doit pareillement être une chose qui pense, et posséder en soi l'idée de toutes les perfections que j'attribue à la nature Divine. Puis l'on peut derechef rechercher si cette cause tient son origine et son existence de soi-même, ou de quelque autre chose. Car si elle la tient de soi-même, il s'ensuit, par les raisons que j'ai ci-devant alléguées, qu'elle-même doit être Dieu ; puis-que ayant la vertu d'être et d'exister par soi, elle doit aussi avoir sans doute la puissance de posséder actuellement toutes les perfections dont elle conçoit les idées, c'est-à-dire toutes celles que je conçois être en Dieu. Que si elle tient son existence de quelque autre cause que de soi, on demandera derechef, par la même raison, de cette seconde cause, si elle est par soi, ou par autrui, jusques à ce que de degrés en degrés on parvienne enfin à une dernière cause qui se trouvera être Dieu. Et il est très manifeste qu'en cela il ne peut y avoir de progrès à l'infini, vu qu'il ne s'agit pas tant ici de la cause qui m'a produit autrefois, comme de celle qui me conserve présentement.

[36] On ne peut pas feindre aussi que peut-être plusieurs causes ont ensemble concouru en partie à ma production, et que de l'une j'ai reçu l'idée d'une des perfections que j'attribue à Dieu, et d'une autre l'idée de quelque autre, en sorte que toutes ces perfections se trouvent bien à la vérité quelque part dans l'Univers, mais ne se rencontrent pas toutes jointes et assemblées dans une seule qui soit Dieu. Car, au contraire, l'unité, la simplicité, ou l'inséparabilité de toutes les choses qui sont en Dieu, est une des principales perfections que je conçois être en lui ; et certes l'idée de cette unité et assemblage de toutes les perfections de Dieu n'a pu être mise en moi par aucune cause, de qui je n'aie point aussi reçu les idées de toutes les autres perfections. Car elle ne peut pas me les

avoir fait comprendre ensemblement jointes et inséparables, sans avoir fait en sorte en même temps que
je susse ce qu'elles étaient, et que je les connusse toutes en quelque façon.

[37] Pour ce qui regarde mes parents, desquels il
semble que je tire ma naissance, encore que tout ce
que j'en ai jamais pu croire soit véritable, cela ne fait
pas toutefois que ce soit eux qui me conservent, ni
qui m'aient fait et produit en tant que je suis une
chose qui pense, puisqu'ils ont seulement mis quelques dispositions dans cette matière, en laquelle je
juge que moi, c'est-à-dire mon esprit, lequel seul je
prends maintenant pour moi-même, se trouve renfermé ; et partant il ne peut y avoir ici à leur égard
aucune difficulté, mais il faut nécessairement conclure que, de cela seul que j'existe, et que l'idée d'un
être souverainement parfait (c'est-à-dire de Dieu) est
en moi, l'existence de Dieu est très évidemment
démontrée.

[38] Il me reste seulement à examiner de quelle façon
j'ai acquis cette idée. Car je ne l'ai pas reçue par les
sens, et jamais elle ne s'est offerte à moi contre mon
attente, ainsi que font les idées des choses sensibles,
lorsque ces choses se présentent ou semblent se pré-
senter aux organes extérieurs de mes sens. Elle n'est
pas aussi une pure production ou fiction de mon
esprit ; car il n'est pas en mon pouvoir d'y diminuer
ni d'y ajouter aucune chose. Et par conséquent il ne
reste plus autre chose à dire, sinon que, comme l'idée
de moi-même, elle est née et produite avec moi dès
lors que j'ai été créé.

[39] Et certes on ne doit pas trouver étrange que
Dieu, en me créant, ait mis en moi cette idée pour être
comme la marque de l'ouvrier empreinte sur son
ouvrage ; et il n'est pas aussi nécessaire que cette
marque soit quelque chose de différent de ce même

ouvrage. Mais de cela seul que Dieu m'a créé, il est fort croyable qu'il m'a en quelque façon produit à son image et semblance, et que je conçois cette ressemblance (dans laquelle l'idée de Dieu se trouve contenue) par la même faculté par laquelle je me conçois moi-même ; c'est-à-dire que, lorsque je fais réflexion sur moi, non seulement je connais que je suis une chose imparfaite, incomplète, et dépendante d'autrui, qui tend et qui aspire sans cesse à quelque chose de meilleur et de plus grand que je ne suis, mais je connais aussi, en même temps, que celui duquel je dépends possède en soi toutes ces grandes choses auxquelles j'aspire, et dont je trouve en moi les idées, non pas indéfiniment et seulement en puissance, mais qu'il en jouit en effet, actuellement et infiniment et, ainsi qu'il est Dieu. Et toute la force de l'argument dont j'ai ici usé pour prouver l'existence de Dieu consiste en ce que je reconnais qu'il ne serait pas possible que ma nature fût telle qu'elle est, c'est-à-dire que j'eusse en moi l'idée d'un Dieu, si Dieu n'existait véritablement ; ce même Dieu, dis-je, duquel l'idée est en moi, c'est-à-dire qui possède toutes ces hautes perfections, dont notre esprit peut bien avoir quelque idée sans pourtant les comprendre toutes, qui n'est sujet à aucuns défauts, et qui n'a rien de toutes les choses qui marquent quelque imperfection.

[40] D'où il est assez évident qu'il ne peut être trompeur, puisque la lumière naturelle nous enseigne que la tromperie dépend nécessairement de quelque défaut.

[41] Mais, auparavant que j'examine cela plus soigneusement, et que je passe à la considération des autres vérités que l'on en peut recueillir, il me semble très à propos de m'arrêter quelque temps à la contemplation de ce Dieu tout parfait, de peser tout à loisir ses merveilleux attributs, de considérer, d'admirer et d'adorer l'incomparable beauté de cette

immense lumière, au moins autant que la force de mon esprit, qui en demeure en quelque sorte ébloui, me le pourra permettre.

[42] Car, comme la foi nous apprend que la souveraine félicité de l'autre vie ne consiste que dans cette contemplation de la Majesté divine, ainsi expérimenterons-nous dès maintenant qu'une semblable méditation, quoique incomparablement moins parfaite, nous fait jouir du plus grand contentement que nous soyons capables de ressentir en cette vie.

MÉDITATION QUATRIÈME
Du vrai et du faux.

[1] Je me suis tellement accoutumé ces jours passés à détacher mon esprit des sens, et j'ai si exactement remarqué qu'il y a fort peu de choses que l'on connaisse avec certitude touchant les choses corporelles, qu'il y en a beaucoup plus qui nous sont connues touchant l'esprit humain, et beaucoup plus encore de Dieu même, que maintenant je détournerai sans aucune difficulté ma pensée de la considération des choses sensibles ou imaginables, pour la porter à celles qui, étant dégagées de toute matière, sont purement intelligibles.

[2] Et certes l'idée que j'ai de l'esprit humain, en tant qu'il est une chose qui pense, et non étendue en longueur, largeur et profondeur, et qui ne participe à rien de ce qui appartient au corps, est incomparablement plus distincte que l'idée d'aucune chose corpo-

relle. Et lorsque je considère que je doute, c'est-à-dire que je suis une chose incomplète et dépendante, l'idée d'un être complet et indépendant, c'est-à-dire de Dieu, se présente à mon esprit avec tant de distinction et de clarté ; et de cela seul que cette idée se retrouve en moi, ou bien que je suis ou existe, moi qui possède cette idée, je conclus si évidemment l'existence de Dieu, et que la mienne dépend entièrement de lui en tous les moments de ma vie, que je ne pense pas que l'esprit humain puisse rien connaître avec plus d'évidence et de certitude. Et déjà il me semble que je découvre un chemin qui nous conduira de cette contemplation du vrai Dieu (dans lequel tous les trésors de la science et de la sagesse sont renfermés) à la connaissance des autres choses de l'Univers.

[3] Car, premièrement, je reconnais qu'il est impossible que jamais il me trompe, puisqu'en toute fraude et tromperie il se rencontre quelque sorte d'imperfection. Et quoiqu'il semble que pouvoir tromper soit une marque de subtilité, ou de puissance, toutefois vouloir tromper témoigne sans doute de la faiblesse ou de la malice. Et partant, cela ne peut se rencontrer en Dieu.

[4] En après j'expérimente en moi-même une certaine puissance de juger, laquelle sans doute j'ai reçue de Dieu, de même que tout le reste des choses que je possède ; et comme il ne voudrait pas m'abuser, il est certain qu'il ne me l'a pas donnée telle que je puisse jamais faillir, lorsque j'en userai comme il faut. Et il ne resterait aucun doute de cette vérité, si l'on n'en pouvait, ce semble, tirer cette conséquence, qu'ainsi donc je ne me puis jamais tromper ; car, si je tiens de Dieu tout ce que je possède, et s'il ne m'a point donné de puissance pour faillir, il semble que je ne me doive jamais abuser. Et de vrai, lorsque je ne pense qu'à Dieu, je ne découvre en moi aucune cause d'erreur ou de fausseté ; mais puis après, revenant à

moi, l'expérience me fait connaître que je suis néanmoins sujet à une infinité d'erreurs, desquelles recherchant la cause de plus près, je remarque qu'il ne se présente pas seulement à ma pensée une réelle et positive idée de Dieu, ou bien d'un être souverainement parfait, mais aussi, pour ainsi parler, une certaine idée négative du néant, c'est-à-dire de ce qui est infiniment éloigné de toute sorte de perfection ; et que je suis comme un milieu entre Dieu et le néant, c'est-à-dire placé de telle sorte entre le souverain être et le non-être, qu'il ne se rencontre, de vrai, rien en moi qui me puisse conduire dans l'erreur, en tant qu'un souverain être m'a produit ; mais que, si je me considère comme participant en quelque façon du néant ou du non-être, c'est-à-dire en tant que je ne suis pas moi-même le souverain être, je me trouve exposé à une infinité de manquements, de façon que je ne me dois pas étonner si je me trompe.

[5] Ainsi je connais que l'erreur, en tant que telle, n'est pas quelque chose de réel qui dépende de Dieu, mais que c'est seulement un défaut ; et partant, que je n'ai pas besoin pour faillir de quelque puissance qui m'ait été donnée de Dieu particulièrement pour cet effet, mais qu'il arrive que je me trompe, de ce que la puissance que Dieu m'a donnée pour discerner le vrai d'avec le faux, n'est pas en moi infinie.

[6] Toutefois, cela ne me satisfait pas encore tout à fait ; car l'erreur n'est pas une pure négation, c'est-à-dire n'est pas le simple défaut ou manquement de quelque perfection qui ne m'est point due, mais plutôt est une privation de quelque connaissance qu'il semble que je devrais posséder. Et considérant la nature de Dieu, il ne me semble pas possible qu'il m'ait donné quelque faculté qui soit imparfaite en son genre, c'est-à-dire qui manque de quelque perfection qui lui soit due ; car s'il est vrai que plus l'artisan est expert, plus les ouvrages qui sortent de ses mains

sont parfaits et accomplis, quel être nous imaginerions-nous avoir été produit par ce souverain, Créateur de toutes choses, qui ne soit parfait et entièrement achevé en toutes ses parties ? Et certes il n'y a point de doute que Dieu n'ait pu me créer tel que je ne me pusse jamais tromper, il est certain aussi qu'il veut toujours ce qui est le meilleur : m'est-il donc plus avantageux de faillir que de ne point faillir ?

[7] Considérant cela avec plus d'attention, il me vient d'abord en la pensée que je ne me dois point étonner, si mon intelligence n'est pas capable de comprendre pourquoi Dieu fait ce qu'il fait, et qu'ainsi je n'ai aucune raison de douter de son existence, de ce que peut-être je vois par expérience beaucoup d'autres choses, sans pouvoir comprendre pour quelle raison ni comment Dieu les a produites. Car, sachant déjà que ma nature est extrêmement faible et limitée, et au contraire que celle de Dieu est immense, incompréhensible, et infinie, je n'ai plus de peine à reconnaître qu'il y a une infinité de choses en sa puissance, desquelles les causes surpassent la portée de mon esprit. Et cette seule raison est suffisante pour me persuader que tout ce genre de causes, qu'on a coutume de tirer de la fin, n'est d'aucun usage dans les choses physiques ou naturelles ; car il ne me semble pas que je puisse sans témérité rechercher et entreprendre de découvrir les fins impénétrables de Dieu.

[8] De plus, il me tombe encore en l'esprit qu'on ne doit pas considérer une seule créature séparément, lorsqu'on recherche si les ouvrages de Dieu sont parfaits, mais généralement toutes les créatures ensemble. Car la même chose qui pourrait peut-être avec quelque sorte de raison sembler fort imparfaite, si elle était toute seule, se rencontre très parfaite en sa nature, si elle est regardée comme partie de tout cet Univers. Et quoique, depuis que j'ai fait dessein de douter de toutes choses, je n'ai connu certainement

que mon existence et celle de Dieu, toutefois aussi, depuis que j'ai reconnu l'infinie puissance de Dieu, je ne saurais nier qu'il n'ait produit beaucoup d'autres choses, ou du moins qu'il n'en puisse produire, en sorte que j'existe et sois placé dans le monde, comme faisant partie de l'universalité de tous les êtres.

[9] En suite de quoi, me regardant de plus près, et considérant quelles sont mes erreurs (lesquelles seules témoignent qu'il y a en moi de l'imperfection), je trouve qu'elles dépendent du concours de deux causes, à savoir de la puissance de connaître qui est en moi, et de la puissance d'élire, ou bien de mon libre arbitre : c'est-à-dire, de mon entendement, et ensemble de ma volonté. Car par l'entendement seul je n'assure ni ne nie aucune chose, mais je conçois seulement les idées des choses, que je puis assurer ou nier. Or, en le considérant ainsi précisément, on peut dire qu'il ne se trouve jamais en lui aucune erreur, pourvu qu'on prenne le mot d'erreur en sa propre signification. Et encore qu'il y ait peut-être une infinité de choses dans le monde, dont je n'ai aucune idée en mon entendement, on ne peut pas dire pour cela qu'il soit privé de ces idées, comme de quelque chose qui soit due à sa nature, mais seulement qu'il ne les a pas ; parce qu'en effet il n'y a aucune raison qui puisse prouver que Dieu ait dû me donner une plus grande et plus ample faculté de connaître, que celle qu'il m'a donnée ; et, quelque adroit et savant ouvrier que je me le représente, je ne dois pas pour cela penser qu'il ait dû mettre dans chacun de ses ouvrages toutes les perfections qu'il peut mettre dans quelques-uns. Je ne puis pas aussi me plaindre que Dieu ne m'a pas donné un libre arbitre, ou une volonté assez ample et parfaite, puisqu'en effet je l'expérimente si vague et si étendue, qu'elle n'est renfermée dans aucunes bornes. Et ce qui me semble bien remarquable en cet endroit est que, de toutes les autres choses qui sont en moi, il n'y en a aucune si

parfaite et si étendue que je ne reconnaisse bien qu'elle pourrait être encore plus grande et plus parfaite. Car, par exemple, si je considère la faculté de concevoir qui est en moi, je trouve qu'elle est d'une fort petite étendue, et grandement limitée, et tout ensemble je me représente l'idée d'une autre faculté beaucoup plus ample, et même infinie ; et de cela seul que je puis me représenter son idée, je connais sans difficulté qu'elle appartient à la nature de Dieu. En même façon, si j'examine la mémoire, ou l'imagination, ou quelque autre puissance, je n'en trouve aucune qui ne soit en moi très petite et bornée, et qui en Dieu ne soit immense et infinie. Il n'y a que la seule volonté, que j'expérimente en moi être si grande que je ne conçois point l'idée d'aucune autre plus ample et plus étendue : en sorte que c'est elle principalement qui me fait connaître que je porte l'image et la ressemblance de Dieu. Car, encore qu'elle soit incomparablement plus grande dans Dieu que dans moi, soit à raison de la connaissance et de la puissance, qui s'y trouvant jointes la rendent plus ferme et plus efficace, soit à raison de l'objet, d'autant qu'elle se porte et s'étend infiniment à plus de choses ; elle ne me semble pas toutefois plus grande, si je la considère formellement et précisément en elle-même. Car elle consiste seulement en ce que nous pouvons faire une chose, ou ne la faire pas (c'est-à-dire affirmer ou nier, poursuivre ou fuir), ou plutôt seulement en ce que, pour affirmer ou nier, poursuivre ou fuir les choses que l'entendement nous propose, nous agissons en telle sorte que nous ne sentons point qu'aucune force extérieure nous y contraigne. Car, afin que je sois libre, il n'est pas nécessaire que je sois indifférent à choisir l'un ou l'autre des deux contraires ; mais plutôt, d'autant plus que je penche vers l'un, soit que je connaisse évidemment que le bien et le vrai s'y rencontrent, soit que Dieu dispose ainsi l'intérieur de ma pensée, d'autant plus librement j'en fais choix et je l'embrasse. Et certes la grâce divine et la connaissance naturelle, bien loin de diminuer ma liberté, l'augmentent plutôt, et la fortifient. De façon que cette indifférence que je sens, lorsque je ne suis point emporté vers un côté plutôt que vers un autre par le poids d'aucune raison, est le plus bas degré de liberté, et fait plutôt paraître un défaut dans la connaissance qu'une perfection dans la volonté ; car si je connaissais toujours clairement ce qui est vrai et ce qui est bon, je ne serais jamais en peine de délibérer quel jugement et quel choix je devrais faire ; et ainsi je serais entièrement libre, sans jamais être indifférent.

[10] De tout ceci je reconnais que ni la puissance de vouloir, laquelle j'ai reçue de Dieu, n'est point d'elle-même la cause de mes erreurs, car elle est très ample et très parfaite en son espèce ; ni aussi la puissance d'entendre ou de concevoir : car ne concevant rien que par le moyen de cette puissance que Dieu m'a donnée pour concevoir, sans doute que tout ce que je conçois, je le conçois comme il faut, et il n'est pas possible qu'en cela je me trompe. D'où est-ce donc que naissent mes erreurs ? C'est à savoir de cela seul que, la volonté étant beaucoup plus ample et plus étendue que l'entendement, je ne la contiens pas dans les mêmes limites, mais que je l'étends aussi aux choses que je n'entends pas ; auxquelles étant de soi indifférente, elle s'égare fort aisément, et choisit le mal pour le bien, ou le faux pour le vrai. Ce qui fait que je me trompe et que je pèche.

[11] Par exemple, examinant ces jours passés si quelque chose existait dans le monde, et connaissant que, de cela seul que j'examinais cette question, il suivait très évidemment que j'existais moi-même, je ne pouvais pas m'empêcher de juger qu'une chose que je concevais si clairement était vraie, non que je m'y trouvasse forcé par aucune cause extérieure, mais

seulement parce que d'une grande clarté qui était en mon entendement, a suivi une grande inclination en ma volonté ; et je me suis porté à croire avec d'autant plus de liberté que je me suis trouvé avec moins d'indifférence. Au contraire, à présent je ne connais pas seulement que j'existe, en tant que je suis quelque chose qui pense, mais il se présente aussi à mon esprit une certaine idée de la nature corporelle : ce qui fait que je doute si cette nature qui pense, qui est en moi, ou plutôt par laquelle je suis ce que je suis, est différente de cette nature corporelle, ou bien si toutes deux ne sont qu'une même chose. Et je suppose ici que je ne connais encore aucune raison, qui me persuade plutôt l'un que l'autre : d'où il suit que je suis entièrement indifférent à le nier, ou à l'assurer, ou bien même à m'abstenir d'en donner aucun jugement.

[12] Et cette indifférence ne s'étend pas seulement aux choses dont l'entendement n'a aucune connaissance, mais généralement aussi à toutes celles qu'il ne découvre pas avec une parfaite clarté, au moment que la volonté en délibère ; car, pour probables que soient les conjectures qui me rendent enclin à juger quelque chose, la seule connaissance que j'ai que ce ne sont que des conjectures, et non des raisons certaines et indubitables, suffit pour me donner occasion de juger le contraire. Ce que j'ai suffisamment expérimenté ces jours passés, lorsque j'ai posé pour faux tout ce que j'avais tenu auparavant pour très véritable, pour cela seul que j'ai remarqué que l'on en pouvait douter en quelque sorte.

[13] Or si je m'abstiens de donner mon jugement sur une chose, lorsque je ne la conçois pas avec assez de clarté et de distinction, il est évident que j'en use fort bien, et que je ne suis point trompé ; mais si je me détermine à la nier, ou assurer, alors je ne me sers

plus comme je dois de mon libre arbitre ; et si j'assure ce qui n'est pas vrai, il est évident que je me trompe, même aussi, encore que je juge selon la vérité, cela n'arrive que par hasard, et je ne laisse pas de faillir, et d'user de mon libre arbitre ; car la lumière naturelle nous enseigne que la connaissance de l'entendement doit toujours précéder la détermination de la volonté. Et c'est dans ce mauvais usage du libre arbitre que se rencontre la privation qui constitue la forme de l'erreur. La privation, dis-je, se rencontre dans l'opération, en tant qu'elle procède de moi ; mais elle ne se trouve pas dans la puissance que j'ai reçue de Dieu, ni même dans l'opération, en tant qu'elle dépend de lui. Car je n'ai certes aucun sujet de me plaindre, de ce que Dieu ne m'a pas donné une intelligence plus capable, ou une lumière naturelle plus grande que celle que je tiens de lui, puisqu'en effet il est du propre de l'entendement fini de ne pas comprendre une infinité de choses, et du propre d'un entendement créé d'être fini : mais j'ai tout sujet de lui rendre grâces, de ce que, ne m'ayant jamais rien dû, il m'a néanmoins donné tout le peu de perfections qui est en moi ; bien loin de concevoir des sentiments si injustes que de m'imaginer qu'il m'ait ôté ou retenu injustement les autres perfections qu'il ne m'a point données. Je n'ai pas aussi sujet de me plaindre, de ce qu'il m'a donné une volonté plus étendue que l'entendement, puisque, la volonté ne consistant qu'en une seule chose, et son sujet étant comme indivisible, il semble que sa nature est telle qu'on ne lui saurait rien ôter sans la détruire ; et certes plus elle se trouve être grande, et plus j'ai à remercier la bonté de celui qui me l'a donnée. Et enfin je ne dois pas aussi me plaindre, de ce que Dieu concourt avec moi pour former les actes de cette volonté, c'est-à-dire les jugements dans lesquels je me trompe, parce que ces actes-là sont entièrement vrais, et absolument bons, en tant qu'ils dépendent de Dieu ; et il y a en quelque sorte plus de perfection en ma nature, de ce que je les puis former, que si je ne le pouvais pas. Pour la privation, dans laquelle seule consiste la raison formelle de l'erreur et du péché, elle n'a besoin d'aucun concours de Dieu, puisque ce n'est pas une chose ou un être, et que, si on la rapporte à Dieu comme à sa cause, elle ne doit pas être nommée privation, mais seulement négation, selon la signification qu'on donne à ces mots dans l'École.

[14] Car en effet ce n'est point une imperfection en Dieu, de ce qu'il m'a donné la liberté de donner mon jugement, ou de ne pas le donner, sur certaines choses dont il n'a pas mis une claire et distincte connaissance en mon entendement ; mais sans doute c'est en moi une imperfection, de ce que je n'en use pas bien, et que je donne témérairement mon jugement sur des choses que je ne conçois qu'avec obscurité et confusion.

[15] Je vois néanmoins qu'il était aisé à Dieu de faire en sorte que je ne me trompasse jamais, quoique je demeurasse libre, et d'une connaissance bornée, à savoir, en donnant à mon entendement une claire et distincte intelligence de toutes les choses dont je devais jamais délibérer, ou bien seulement s'il eût si profondément gravé dans ma mémoire la résolution de ne juger jamais d'aucune chose sans la concevoir clairement et distinctement, que je ne la pusse jamais oublier. Et je remarque bien qu'en tant que je me considère tout seul, comme s'il n'y avait que moi au monde, j'aurais été beaucoup plus parfait que je ne suis, si Dieu m'avait créé tel que je ne faillisse jamais. Mais je ne puis pas pour cela nier que ce ne soit en quelque façon une plus grande perfection dans tout l'Univers, de ce que quelques-unes de ses parties ne sont pas exemptes de défauts, que si elles étaient toutes semblables. Et je n'ai aucun droit de me plaindre, si Dieu, m'ayant mis au monde, n'a pas voulu me

mettre au rang des choses les plus nobles et les plus
parfaites ; même j'ai sujet de me contenter de ce que,
s'il ne m'a pas donné la vertu de ne point faillir, par
le premier moyen que j'ai ci-dessus déclaré, qui
dépend d'une claire et évidente connaissance de toutes les choses dont je puis délibérer, il a au moins
laissé en ma puissance l'autre moyen, qui est de retenir fermement la résolution de ne jamais donner mon
jugement sur les choses dont la vérité ne m'est pas
clairement connue. Car quoique je remarque cette
faiblesse en ma nature, que je ne puis attacher conti-
nuellement mon esprit à une même pensée, je puis
toutefois, par une méditation attentive et souvent réi-
térée, me l'imprimer si fortement en la mémoire que
je ne manque jamais de m'en ressouvenir, toutes les
fois que j'en aurai besoin, et acquérir de cette façon
l'habitude de ne point faillir. Et, d'autant que c'est
en cela que consiste la plus grande et principale perfection de l'homme, j'estime n'avoir pas peu gagné
par cette Méditation que d'avoir découvert la cause
des faussetés et des erreurs.

[16] Et certes il n'y en peut avoir d'autre que celle
que j'ai expliquée ; car toutes les fois que je retiens
tellement ma volonté dans les bornes de ma connaissance, qu'elle ne fait aucun jugement que des choses
qui lui sont clairement et distinctement représentées
par l'entendement, il ne se peut faire que je me
trompe ; parce que toute conception claire et distincte est sans doute quelque chose de réel et de positif, et partant ne peut tirer son origine du néant, mais
doit nécessairement avoir Dieu pour son auteur,
Dieu, dis-je, qui, étant souverainement parfait, ne
peut être cause d'aucune erreur ; et par conséquent il
faut conclure qu'une telle conception ou un tel jugement est véritable.

[17] Au reste, je n'ai pas seulement appris
aujourd'hui ce que je dois éviter pour ne plus faillir,

mais aussi ce que je dois faire pour parvenir à la connaissance de la vérité. Car certainement j'y parviendrai, si j'arrête suffisamment mon attention sur toutes les choses que je concevrai parfaitement, et si je les sépare des autres que je ne comprends qu'avec confusion et obscurité. A quoi dorénavant je prendrai soigneusement garde.

MÉDITATION CINQUIÈME

De l'essence des choses matérielles ;
et, derechef de Dieu, qu'il existe.

[1] Il me reste beaucoup d'autres choses à examiner, touchant les attributs de Dieu, et touchant ma propre nature, c'est-à-dire celle de mon esprit : mais j'en reprendrai peut-être une autre fois la recherche. Maintenant (après avoir remarqué ce qu'il faut faire ou éviter pour parvenir à la connaissance de la vérité), ce que j'ai principalement à faire, est d'essayer de sortir et de me débarrasser de tous les doutes où je suis tombé ces jours passés, et voir si l'on ne peut rien connaître de certain touchant les choses matérielles.

[2] Mais avant que j'examine s'il y a de telles choses qui existent hors de moi, je dois considérer leurs idées, en tant qu'elles sont en ma pensée, et voir quelles sont celles qui sont distinctes, et quelles sont celles qui sont confuses.

[3] En premier lieu, j'imagine distinctement cette quantité que les philosophes appellent vulgairement la quantité continue, ou bien l'extension en longueur, largeur et profondeur, qui est en cette quantité, ou plutôt en la chose à qui on l'attribue. De plus, je puis nombrer en elle plusieurs diverses parties, et attribuer à chacune de ces parties toutes sortes de grandeurs, de figures, de situations, et de mouvements ; et enfin, je puis assigner à chacun de ces mouvements toutes sortes de durées.

[4] Et je ne connais pas seulement ces choses avec distinction, lorsque je les considère en général ; mais aussi, pour peu que j'y applique mon attention, je conçois une infinité de particularités touchant les nombres, les figures, les mouvements et autres choses semblables, dont la vérité se fait paraître avec tant d'évidence et s'accorde si bien avec ma nature que, lorsque je commence à les découvrir, il ne me semble pas que j'apprenne rien de nouveau, mais plutôt que je me ressouviens de ce que je savais déjà auparavant, c'est-à-dire que j'aperçois des choses qui étaient déjà dans mon esprit, quoique je n'eusse pas encore tourné ma pensée vers elles.

[5] Et ce que je trouve ici de plus considérable est que je trouve en moi une infinité d'idées de certaines choses, qui ne peuvent pas être estimées un pur néant, quoique peut-être elles n'aient aucune existence hors de ma pensée, et qui ne sont pas feintes par moi, bien qu'il soit en ma liberté de les penser ou ne les penser pas ; mais elles ont leurs natures vraies et immuables. Comme, par exemple, lorsque j'imagine un triangle, encore qu'il n'y ait peut-être en aucun lieu du monde hors de ma pensée une telle figure, et qu'il n'y en ait jamais eu, il ne laisse pas néanmoins d'y avoir une certaine nature, ou forme, ou essence déterminée de cette figure, laquelle est immuable et éternelle, que je n'ai point inventée, et qui ne dépend en aucune façon

de mon esprit ; comme il paraît de ce que l'on peut démontrer diverses propriétés de ce triangle, à savoir, que les trois angles sont égaux à deux droits, que le plus grand angle est soutenu par le plus grand côté, et autres semblables, lesquelles maintenant, soit que je le veuille ou non, je reconnais très clairement et très évidemment être en lui, encore que je n'y aie pensé auparavant en aucune façon, lorsque je me suis imaginé la première fois un triangle ; et partant, on ne peut pas dire que je les aie feintes et inventées.

[6] Et je n'ai que faire ici de m'objecter que, peut-être, cette idée du triangle est venue en mon esprit par l'entremise de mes sens, parce que j'ai vu quelquefois des corps de figure triangulaire ; car je puis former en mon esprit une infinité d'autres figures, dont on ne peut avoir le moindre soupçon que jamais elles me soient tombées sous les sens, et je ne laisse pas toutefois de pouvoir démontrer diverses propriétés touchant leur nature, aussi bien que touchant celle du triangle : lesquelles certes doivent être toutes vraies, puisque je les conçois clairement. Et partant, elles sont quelque chose, et non pas un pur néant ; car il est très évident que tout ce qui est vrai est quelque chose, et j'ai déjà amplement démontré ci-dessus que toutes les choses que je connais clairement et distinctement sont vraies. Et quoique je ne l'eusse pas démontré, toutefois la nature de mon esprit est telle que je ne me saurais empêcher de les estimer vraies, pendant que je les conçois clairement et distinctement. Et je me ressouviens que, lors même que j'étais encore fortement attaché aux objets des sens, j'avais tenu au nombre des plus constantes vérités celles que je concevais clairement et distinctement touchant les figures, les nombres et les autres choses qui appartiennent à l'arithmétique et à la géométrie.

[7] Or maintenant, si de cela seul que je puis tirer de ma pensée l'idée de quelque chose, il s'ensuit que tout

ce que je reconnais clairement et distinctement appartenir à cette chose lui appartient en effet, ne puis-je pas tirer de ceci un argument et une preuve démonstrative de l'existence de Dieu ? Il est certain que je ne trouve pas moins en moi son idée, c'est-à-dire l'idée d'un être souverainement parfait, que celle de quelque figure ou de quelque nombre que ce soit. Et je ne connais pas moins clairement et distinctement qu'une actuelle et éternelle existence appartient à sa nature, que je connais que tout ce que je puis démontrer de quelque figure ou de quelque nombre appartient véritablement à la nature de cette figure ou de ce nombre. Et partant, encore que tout ce que j'ai conclu dans les Méditations précédentes ne se trouvât point véritable, l'existence de Dieu doit passer en mon esprit au moins pour aussi certaine que j'ai estimé jusques ici toutes les vérités des mathématiques, qui ne regardent que les nombres et les figures : bien qu'à la vérité cela ne paraisse pas d'abord entièrement manifeste, mais semble avoir quelque apparence de sophisme. Car ayant accoutumé dans toutes les autres choses de faire distinction entre l'existence et l'essence, je me persuade aisément que l'existence peut être séparée de l'essence de Dieu, et qu'ainsi on peut concevoir Dieu comme n'étant pas actuellement. Mais néanmoins, lorsque j'y pense avec plus d'attention, je trouve manifestement que l'existence ne peut non plus être séparée de l'essence de Dieu, que de l'essence d'un triangle rectiligne la grandeur de ses trois angles égaux à deux droits, ou bien de l'idée d'une montagne l'idée d'une vallée ; en sorte qu'il n'y a pas moins de répugnance de concevoir un Dieu (c'est-à-dire un être souverainement parfait) auquel manque l'existence (c'est-à-dire auquel manque quelque perfection), que de concevoir une montagne qui n'ait point de vallée.

[8] Mais encore qu'en effet je ne puisse pas concevoir un Dieu sans existence, non plus qu'une monta-

gne sans vallée, toutefois, comme de cela seul que je conçois une montagne avec une vallée, il ne s'ensuit pas qu'il y ait aucune montagne dans le monde, de même aussi, quoique je conçoive Dieu avec l'existence, il semble qu'il ne s'ensuit pas pour cela qu'il y en ait aucun qui existe : car ma pensée n'impose aucune nécessité aux choses ; et comme il ne tient qu'à moi d'imaginer un cheval ailé, encore qu'il n'y en ait aucun qui ait des ailes, ainsi je pourrais peut-être attribuer l'existence à Dieu, encore qu'il n'y eût aucun Dieu qui existât. Tant s'en faut, c'est ici qu'il y a un sophisme caché sous l'apparence de cette objection : car de ce que je ne puis concevoir une montagne sans vallée, il ne s'ensuit pas qu'il y ait au monde aucune montagne, ni aucune vallée, mais seulement que la montagne et la vallée, soit qu'il y en ait, soit qu'il n'y en ait point, ne se peuvent en aucune façon séparer l'une d'avec l'autre ; au lieu que, de cela seul que je ne puis concevoir Dieu sans existence, il s'ensuit que l'existence est inséparable de lui, et partant qu'il existe véritablement : non pas que ma pensée puisse faire que cela soit de la sorte, et qu'elle impose aux choses aucune nécessité ; mais, au contraire, parce que la nécessité de la chose même, à savoir de l'existence de Dieu, détermine ma pensée à le concevoir de cette façon. Car il n'est pas en ma liberté de concevoir un Dieu sans existence (c'est-à-dire un être souverainement parfait sans une souveraine perfection), comme il m'est libre d'imaginer un cheval sans ailes ou avec des ailes.

[9] Et on ne doit pas dire ici qu'il est à la vérité nécessaire que j'avoue que Dieu existe, après que j'ai supposé qu'il possède toutes sortes de perfections, puisque l'existence en est une, mais qu'en effet ma première supposition n'était pas nécessaire ; de même qu'il n'est point nécessaire de penser que toutes les figures de quatre côtés se peuvent inscrire dans le cercle, mais que, supposant que j'aie cette pensée, je suis

contraint d'avouer que le rhombe se peut inscrire
dans le cercle, puisque c'est une figure de quatre
côtés ; et ainsi je serai contraint d'avouer une chose
fausse. On ne doit point, dis-je, alléguer cela : car
encore qu'il ne soit pas nécessaire que je tombe
jamais dans aucune pensée de Dieu, néanmoins, toutes les fois qu'il m'arrive de penser à un être premier
et souverain, et de tirer, pour ainsi dire, son idée du
trésor de mon esprit, il est nécessaire que je lui attribue toutes sortes de perfections, quoique je ne vienne
pas à les nombrer toutes, et à appliquer mon attention sur chacune d'elles en particulier. Et cette nécessité est suffisante pour me faire conclure (après que
j'ai reconnu que l'existence est une perfection) que
cet être premier et souverain existe véritablement : de
même qu'il n'est pas nécessaire que j'imagine jamais
aucun triangle ; mais toutes les fois que je veux considérer une figure rectiligne composée seulement de
trois angles, il est absolument nécessaire que je lui
attribue toutes les choses qui servent à conclure que
ses trois angles ne sont pas plus grands que deux
droits, encore que peut-être je ne considère pas alors
cela en particulier. Mais quand j'examine quelles
figures sont capables d'être inscrites dans le cercle, il
n'est en aucune façon nécessaire que je pense que
toutes les figures de quatre côtés sont de ce nombre ;
au contraire, je ne puis pas même feindre que cela
soit, tant que je ne voudrai rien recevoir en ma pensée
que ce que je pourrai concevoir clairement et distinctement. Et par conséquent il y a une grande différence entre les fausses suppositions, comme est
celle-ci, et les véritables idées qui sont nées avec moi,
dont la première et principale est celle de Dieu.

[10] Car en effet je reconnais en plusieurs façons que
cette idée n'est point quelque chose de feint ou
d'inventé, dépendant seulement de ma pensée, mais
que c'est l'image d'une vraie et immuable nature.

Premièrement, à cause que je ne saurais concevoir autre chose que Dieu seul, à l'essence de laquelle l'existence appartienne avec nécessité. Puis aussi, parce qu'il ne m'est pas possible de concevoir deux ou plusieurs Dieux de même façon. Et, posé qu'il y en ait un maintenant qui existe, je vois clairement qu'il est nécessaire qu'il ait été auparavant de toute éternité, et qu'il soit éternellement à l'avenir. Et enfin, parce que je connais une infinité d'autres choses en Dieu, desquelles je ne puis rien diminuer ni changer.

[11] Au reste, de quelque preuve et argument que je me serve, il en faut toujours revenir là, qu'il n'y a que les choses que je conçois clairement et distinctement qui aient la force de me persuader entièrement. Et quoique entre les choses que je conçois de cette sorte il y en ait à la vérité quelques-unes manifestement connues d'un chacun, et qu'il y en ait d'autres aussi qui ne se découvrent qu'à ceux qui les considèrent de plus près et qui les examinent plus exactement; toutefois, après qu'elles sont une fois découvertes, elles ne sont pas estimées moins certaines les unes que les autres. Comme, par exemple, en tout triangle rectangle, encore qu'il ne paraisse pas d'abord si facilement que le carré de la base est égal aux carrés des deux autres côtés, comme il est évident que cette base est opposée au plus grand angle, néanmoins, depuis que cela a été une fois reconnu, on est autant persuadé de la vérité de l'un que de l'autre. Et pour ce qui est de Dieu, certes, si mon esprit n'était prévenu d'aucuns préjugés, et que ma pensée ne se trouvât point divertie par la présence continuelle des images des choses sensibles, il n'y aurait aucune chose que je connusse plutôt ni plus facilement que lui. Car y a-t-il rien de soi plus clair et plus manifeste que de penser qu'il y a un Dieu, c'est-à-dire un être souverain et parfait, en l'idée duquel seul l'existence nécessaire ou éternelle est comprise, et par conséquent qui existe ?

[12] Et quoique, pour bien concevoir cette vérité, j'aie eu besoin d'une grande application d'esprit, toutefois à présent je ne m'en tiens pas seulement aussi assuré que de tout ce qui me semble le plus certain : mais, outre cela, je remarque que la certitude de toutes les autres choses en dépend si absolument que, sans cette connaissance, il est impossible de pouvoir jamais rien savoir parfaitement.

[13] Car encore que je sois d'une telle nature que, dès aussitôt que je comprends quelque chose fort clairement et fort distinctement, je suis naturellement porté à la croire vraie ; néanmoins, parce que je suis aussi d'une telle nature que je ne puis pas avoir l'esprit toujours attaché à une même chose, et que souvent je me ressouviens d'avoir jugé une chose être vraie ; lorsque je cesse de considérer les raisons qui m'ont obligé à la juger telle, il peut arriver pendant ce temps-là que d'autres raisons se présentent à moi, lesquelles me feraient aisément changer d'opinion, si j'ignorais qu'il y eût un Dieu. Et ainsi je n'aurais jamais une vraie et certaine science d'aucune chose que ce soit, mais seulement de vagues et inconstantes opinions.

[14] Comme, par exemple, lorsque je considère la nature du triangle, je connais évidemment, moi qui suis un peu versé dans la géométrie, que ses trois angles sont égaux à deux droits, et il ne m'est pas possible de ne le point croire, pendant que j'applique ma pensée à sa démonstration ; mais aussitôt que je l'en détourne, encore que je me ressouviens de l'avoir clairement comprise, toutefois il se peut faire aisément que je doute de sa vérité, si j'ignore qu'il y ait un Dieu. Car je puis me persuader d'avoir été fait tel par la nature que je me puisse aisément tromper, même dans les choses que je crois comprendre avec le plus d'évidence et de certitude ; vu principalement que je me ressouviens d'avoir souvent estimé beau-

coup de choses pour vraies et certaines, lesquelles par après d'autres raisons m'ont porté à juger absolument fausses.

[15] Mais après que j'ai reconnu qu'il y a un Dieu, pour ce qu'en même temps j'ai reconnu aussi que toutes choses dépendent de lui, et qu'il n'est point trompeur, et qu'en suite de cela j'ai jugé que tout ce que je conçois clairement et distinctement ne peut manquer d'être vrai : encore que je ne pense plus aux raisons pour lesquelles j'ai jugé cela être véritable, pourvu que je me ressouvienne de l'avoir clairement et distinctement compris, on ne me peut apporter aucune raison contraire, qui me le fasse jamais révoquer en doute ; et ainsi j'en ai une vraie et certaine science. Et cette même science s'étend aussi à toutes les autres choses que je me ressouviens d'avoir autrefois démontrées, comme aux vérités de la géométrie, et autres semblables : car qu'est-ce que l'on me peut objecter, pour m'obliger à les révoquer en doute ? Me dira-t-on que ma nature est telle que je suis fort sujet à me méprendre ? Mais je sais que je ne puis me tromper dans les jugements dont je connais clairement les raisons. Me dira-t-on que j'ai tenu autrefois beaucoup de choses pour vraies et certaines, lesquelles j'ai reconnues par après être fausses ? Mais je n'avais connu clairement ni distinctement aucune de ces choses-là, et, ne sachant point encore cette règle par laquelle je m'assure de la vérité, j'avais été porté à les croire par des raisons que j'ai reconnues depuis être moins fortes que je ne me les étais pour lors imaginées. Que me pourra-t-on donc objecter davantage ? Que peut-être je dors (comme je me l'étais moi-même objecté ci-devant), ou bien que toutes les pensées que j'ai maintenant ne sont pas plus vraies que les rêveries que nous imaginons étant endormis ? Mais quand bien même je dormirais, tout ce qui se présente à mon esprit avec évidence est absolument véritable. Et ainsi je reconnais très clairement que la

certitude et la vérité de toute science dépend de la seule connaissance du vrai Dieu : en sorte qu'avant que je le connusse, je ne pouvais savoir parfaitement aucune autre chose. Et à présent que je le connais, j'ai le moyen d'acquérir une science parfaite touchant une infinité de choses, non seulement de celles qui sont en lui, mais aussi de celles qui appartiennent à la nature corporelle, en tant qu'elle peut servir d'objet aux démonstrations des géomètres, lesquels n'ont point d'égard à son existence.

MÉDITATION SIXIÈME
De l'existence des choses matérielles,
et de la réelle distinction
entre l'âme et le corps de l'homme.

[1] Il ne me reste plus maintenant qu'à examiner s'il y a des choses matérielles : et certes au moins sais-je déjà qu'il y en peut avoir, en tant qu'on les considère comme l'objet des démonstrations de géométrie, vu que de cette façon je les conçois fort clairement et fort distinctement. Car il n'y a point de doute que Dieu n'ait la puissance de produire toutes les choses que je suis capable de concevoir avec distinction ; et je n'ai jamais jugé qu'il lui fût impossible de faire quelque chose, qu'alors que je trouvais de la contradiction à la pouvoir bien concevoir. De plus, la faculté d'imaginer qui est en moi, et de laquelle je vois par expérience que je me sers lorsque je m'applique à la considération des choses matérielles, est capable de me persuader leur existence : car quand je considère attentivement ce que c'est que l'imagina-

tion, je trouve qu'elle n'est autre chose qu'une certaine application de la faculté qui connaît au corps qui lui est intimement présent, et partant qui existe.

[2] Et pour rendre cela très manifeste, je remarque premièrement la différence qui est entre l'imagination et la pure intellection ou conception. Par exemple, lorsque j'imagine un triangle, je ne le conçois pas seulement comme une figure composée et comprise de trois lignes, mais outre cela je considère ces trois lignes comme présentes par la force et l'application intérieure de mon esprit ; et c'est proprement ce que j'appelle imaginer. Que si je veux penser à un chiliogone, je conçois bien à la vérité que c'est une figure composée de mille côtés, aussi facilement que je conçois qu'un triangle est une figure composée de trois côtés seulement ; mais je ne puis pas imaginer les mille côtés d'un chiliogone, comme je fais les trois d'un triangle, ni, pour ainsi dire, les regarder comme présents avec les yeux de mon esprit. Et quoique, suivant la coutume que j'ai de me servir toujours de mon imagination, lorsque je pense aux choses corporelles, il arrive qu'en concevant un chiliogone je me représente confusément quelque figure, toutefois il est très évident que cette figure n'est point un chiliogone, puisqu'elle ne diffère nullement de celle que je me représenterais, si je pensais à un myriogone, ou à quelque autre figure de beaucoup de côtés ; et qu'elle ne sert en aucune façon à découvrir les propriétés qui font la différence du chiliogone d'avec les autres polygones.

[3] Que s'il est question de considérer un pentagone, il est bien vrai que je puis concevoir sa figure, aussi bien que celle d'un chiliogone, sans le secours de l'imagination ; mais je la puis aussi imaginer en appliquant l'attention de mon esprit à chacun de ses cinq côtés, et tout ensemble à l'aire, ou à l'espace qu'ils renferment. Ainsi je connais clairement que

j'ai besoin d'une particulière contention d'esprit pour imaginer, de laquelle je ne me sers point pour concevoir ; et cette particulière contention d'esprit montre évidemment la différence qui est entre l'imagination et l'intellection ou conception pure.

[4] Je remarque outre cela que cette vertu d'imaginer qui est en moi, en tant qu'elle diffère de la puissance de concevoir, n'est en aucune sorte nécessaire à ma nature ou à mon essence, c'est-à-dire à l'essence de mon esprit ; car, encore que je ne l'eusse point, il est sans doute que je demeurerais toujours le même que je suis maintenant : d'où il semble que l'on puisse conclure qu'elle dépend de quelque chose qui diffère de mon esprit. Et je conçois facilement que, si quelque corps existe, auquel mon esprit soit conjoint et uni de telle sorte qu'il se puisse appliquer à le considérer quand il lui plaît, il se peut faire que par ce moyen il imagine les choses corporelles : en sorte que cette façon de penser diffère seulement de la pure intellection, en ce que l'esprit en concevant se tourne en quelque façon vers soi-même, et considère quelqu'une des idées qu'il a en soi ; mais en imaginant il se tourne vers le corps, et y considère quelque chose de conforme à l'idée qu'il a formée de soi-même ou qu'il a reçue par les sens. Je conçois, dis-je, aisément que l'imagination se peut faire de cette sorte, s'il est vrai qu'il y ait des corps ; et parce que je ne puis rencontrer aucune autre voie pour expliquer comment elle se fait, je conjecture de là probablement qu'il y en a : mais ce n'est que probablement, et, quoique j'examine soigneusement toutes choses, je ne trouve pas néanmoins que de cette idée distincte de la nature corporelle, que j'ai en mon imagination, je puisse tirer aucun argument qui conclue avec nécessité l'existence de quelque corps.

[5] Or j'ai accoutumé d'imaginer beaucoup d'autres choses, outre cette nature corporelle qui est l'objet de

la géométrie, à savoir les couleurs, les sons, les
saveurs, la douleur, et autres choses semblables,
quoique moins distinctement. Et d'autant que j'aperçois beaucoup mieux ces choses-là par les sens, par
l'entremise desquels, et de la mémoire, elles semblent
être parvenues jusqu'à mon imagination, je crois
que, pour les examiner plus commodément, il est à
propos que j'examine en même temps ce que c'est
que sentir, et que je voie si des idées que je reçois en
mon esprit par cette façon de penser, que j'appelle
sentir, je puis tirer quelque preuve certaine de l'existence des choses corporelles.

[6] Et premièrement je rappellerai dans ma mémoire
quelles sont les choses que j'ai ci-devant tenues pour
vraies, comme les ayant reçues par les sens, et sur
quels fondements ma créance était appuyée. En
après, j'examinerai les raisons qui m'ont obligé
depuis à les révoquer en doute. Et enfin je considérerai ce que j'en dois maintenant croire.

[7] Premièrement donc j'ai senti que j'avais une tête,
des mains, des pieds, et tous les autres membres dont
est composé ce corps que je considérais comme une
partie de moi-même, ou peut-être aussi comme le
tout. De plus, j'ai senti que ce corps était placé entre
beaucoup d'autres, desquels il était capable de recevoir diverses commodités et incommodités, et je
remarquais ces commodités par un certain sentiment
de plaisir ou de volupté, et les incommodités par un
sentiment de douleur. Et outre ce plaisir et cette douleur, je ressentais aussi en moi la faim, la soif, et
d'autres semblables appétits, comme aussi de certaines inclinations corporelles vers la joie, la tristesse, la
colère, et autres semblables passions. Et au dehors,
outre l'extension, les figures, les mouvements des
corps, je remarquais en eux de la dureté, de la chaleur, et toutes les autres qualités qui tombent sous
l'attouchement. De plus, j'y remarquais de la

lumière, des couleurs, des odeurs, des saveurs et des sons, dont la variété me donnait moyen de distinguer le ciel, la terre, la mer, et généralement tous les autres corps les uns d'avec les autres.

[8] Et certes, considérant les idées de toutes ces qualités qui se présentaient à ma pensée, et lesquelles seules je sentais proprement et immédiatement, ce n'était pas sans raison que je croyais sentir des choses entièrement différentes de ma pensée, à savoir des corps d'où procédaient ces idées. Car j'expérimentais qu'elles se présentaient à elle, sans que mon consentement y fût requis, en sorte que je ne pouvais sentir aucun objet, quelque volonté que j'en eusse, s'il ne se trouvait présent à l'organe d'un de mes sens ; et il n'était nullement en mon pouvoir de ne pas le sentir, lorsqu'il s'y trouvait présent.

[9] Et parce que les idées que je recevais par les sens étaient beaucoup plus vives, plus expresses, et même à leur façon plus distinctes, qu'aucune de celles que je pouvais feindre de moi-même en méditant, ou bien que je trouvais imprimées en ma mémoire, il semblait qu'elles ne pouvaient procéder de mon esprit ; de façon qu'il était nécessaire qu'elles fussent causées en moi par quelques autres choses. Desquelles choses n'ayant aucune connaissance, sinon celle que me donnaient ces mêmes idées, il ne me pouvait venir autre chose en l'esprit, sinon que ces choses-là étaient semblables aux idées qu'elles causaient.

[10] Et pour ce que je me ressouvenais aussi que je m'étais plutôt servi des sens que de la raison, et que je reconnaissais que les idées que je formais de moi-même n'étaient pas si expresses que celles que je recevais par les sens, et même qu'elles étaient le plus souvent composées des parties de celles-ci, je me persuadais aisément que je n'avais aucune idée dans mon esprit qui n'eût passé auparavant par mes sens.

[11] Ce n'était pas aussi sans quelque raison que je croyais que ce corps (lequel par un certain droit particulier j'appelais mien) m'appartenait plus proprement et plus étroitement que par un autre. Car en effet je n'en pouvais jamais être séparé comme des autres ; je ressentais en lui et pour lui tous mes appétits et toutes mes affections ; et enfin j'étais touché des sentiments de plaisir et de douleur en ses parties, et non pas en celles des autres corps qui en sont séparés.

[12] Mais quand j'examinais pourquoi de ce je ne sais quel sentiment de douleur suit la tristesse en l'esprit, et du sentiment de plaisir naît la joie, ou bien pourquoi cette je ne sais quelle émotion de l'estomac, que j'appelle faim, nous fait avoir envie de manger, et la sécheresse du gosier nous fait avoir envie de boire, et ainsi du reste, je n'en pouvais rendre aucune raison, sinon que la nature me l'enseignait de la sorte ; car il n'y a certes aucune affinité ni aucun rapport (au moins que je puisse comprendre) entre cette émotion de l'estomac et le désir de manger, non plus qu'entre le sentiment de la chose qui cause de la douleur, et la pensée de tristesse que fait naître ce sentiment. Et en même façon il me semblait que j'avais appris de la nature toutes les autres choses que je jugeais touchant les objets de mes sens ; pour ce que je remarquais que les jugements que j'avais coutume de faire de ces objets se formaient en moi avant que j'eusse le loisir de peser et considérer aucunes raisons qui me pussent obliger à les faire.

[13] Mais par après plusieurs expériences ont peu à peu ruiné toute la créance que j'avais ajoutée aux sens. Car j'ai observé plusieurs fois que des tours, qui de loin m'avaient semblé rondes, me paraissaient de près être carrées, et que des colosses, élevés sur les plus hauts sommets de ces tours, me paraissaient de petites statues à les regarder d'en bas ; et ainsi, dans

une infinité d'autres rencontres, j'ai trouvé de l'erreur dans les jugements fondés sur les sens extérieurs. Et non pas seulement sur les sens extérieurs, mais même sur les intérieurs : car y a-t-il chose plus intime ou plus intérieure que la douleur ? et cependant j'ai autrefois appris de quelques personnes qui avaient les bras et les jambes coupées qu'il leur semblait encore quelquefois sentir de la douleur dans la partie qui leur avait été coupée ; ce qui me donnait sujet de penser que je ne pouvais aussi être assuré d'avoir mal à quelqu'un de mes membres, quoique je sentisse en lui de la douleur.

[14] Et à ces raisons de douter j'en ai encore ajouté depuis peu deux autres fort générales. La première est que je n'ai jamais rien cru sentir étant éveillé, que je ne puisse aussi quelquefois croire sentir quand je dors ; et comme je ne crois pas que les choses qu'il me semble que je sens en dormant procèdent de quelques objets hors de moi, je ne voyais pas pourquoi je devais plutôt avoir cette créance, touchant celles qu'il me semble que je sens étant éveillé. Et la seconde, que, ne connaissant pas encore, ou plutôt feignant de ne pas connaître l'auteur de mon être, je ne voyais rien qui pût empêcher que je n'eusse été fait tel par la nature que je me trompasse même dans les choses qui me paraissaient les plus véritables.

[15] Et pour les raisons qui m'avaient ci-devant persuadé la vérité des choses sensibles, je n'avais pas beaucoup de peine à y répondre. Car la nature semblant me porter à beaucoup de choses dont la raison me détournait, je ne croyais pas me devoir confier beaucoup aux enseignements de cette nature. Et quoique les idées que je reçois par les sens ne dépendent pas de ma volonté, je ne pensais pas que l'on dût pour cela conclure qu'elles procédaient de choses différentes de moi, puisque peut-être il se peut rencontrer en moi quelque faculté (bien qu'elle m'ait été jus-

ques ici inconnue) qui en soit la cause, et qui les produise.

[16] Mais maintenant que je commence à me mieux connaître moi-même et à découvrir plus clairement l'auteur de mon origine, je ne pense pas à la vérité que je doive témérairement admettre toutes les choses que les sens semblent nous enseigner, mais je ne pense pas aussi que je les doive toutes généralement révoquer en doute.

[17] Et premièrement, pour ce que je sais que toutes les choses que je conçois clairement et distinctement peuvent être produites par Dieu telles que je les conçois, il suffit que je puisse concevoir clairement et distinctement une chose sans une autre, pour être certain que l'une est distincte ou différente de l'autre, parce qu'elles peuvent être posées séparément, au moins par la toute puissance de Dieu ; et il n'importe pas par quelle puissance cette séparation se fasse, pour m'obliger à les juger différentes. Et partant, de cela même que je connais avec certitude que j'existe, et que cependant je ne remarque point qu'il appartienne nécessairement aucune autre chose à ma nature ou à mon essence, sinon que je suis une chose qui pense, je conclus fort bien que mon essence consiste en cela seul, que je suis une chose qui pense, ou une substance dont toute l'essence ou la nature n'est que de penser. Et quoique peut-être (ou plutôt certainement, comme je le dirai tantôt) j'aie un corps auquel je suis très étroitement conjoint ; néanmoins, pour ce que d'un côté j'ai une claire et distincte idée de moi-même, en tant que je suis seulement une chose qui pense et non étendue, et que d'un autre j'ai une idée distincte du corps, en tant qu'il est seulement une chose étendue et qui ne pense point, il est certain que ce moi, c'est-à-dire mon âme, par laquelle je suis ce que je suis, est entièrement et véritablement dis-

tincte de mon corps, et qu'elle peut être ou exister sans lui.

[18] Davantage, je trouve en moi des facultés de penser toutes particulières, et distinctes de moi, à savoir les facultés d'imaginer et de sentir, sans lesquelles je puis bien me concevoir clairement et distinctement tout entier, mais non pas elles sans moi, c'est-à-dire sans une substance intelligente à qui elles soient attachées. Car dans la notion que nous avons de ces facultés, ou (pour me servir des termes de l'École) dans leur concept formel, elles enferment quelque sorte d'intellection : d'où je conçois qu'elles sont distinctes de moi, comme les figures, les mouvements, et les autres modes ou accidents des corps, le sont des corps mêmes qui les soutiennent.

[19] Je reconnais aussi en moi quelques autres facultés, comme celles de changer de lieu, de se mettre en plusieurs postures, et autres semblables, qui ne peuvent être conçues, non plus que les précédentes, sans quelque substance à qui elles soient attachées, ni par conséquent exister sans elles ; mais il est très évident que ces facultés, s'il est vrai qu'elles existent, doivent être attachées à quelque substance corporelle ou étendue, et non pas à une substance intelligente, puisque, dans leur concept clair et distinct, il y a bien quelque sorte d'extension qui se trouve contenue, mais point du tout d'intelligence. De plus, il se rencontre en moi une certaine faculté passive de sentir, c'est-à-dire de recevoir et de connaître les idées des choses sensibles ; mais elle me serait inutile, et je ne m'en pourrais aucunement servir, s'il n'y avait en moi, ou en autrui, une autre faculté active, capable de former et produire ces idées. Or cette faculté active ne peut être en moi en tant que je ne suis qu'une chose qui pense, vu qu'elle ne présuppose point ma pensée, et aussi que ces idées-là me sont souvent représentées sans que j'y contribue en aucune sorte, et même souvent

contre mon gré ; il faut donc nécessairement qu'elle soit en quelque substance différente de moi, dans laquelle toute la réalité, qui est objectivement dans les idées qui en sont produites, soit contenue formellement ou éminemment (comme je l'ai remarqué ci-devant). Et cette substance est ou un corps, c'est-à-dire une nature corporelle, dans laquelle est contenu formellement et en effet tout ce qui est objectivement et par représentation dans les idées ; ou bien c'est Dieu même, ou quelque autre créature plus noble que le corps, dans laquelle cela même est contenu éminemment.

[20] Or, Dieu n'étant point trompeur, il est très manifeste qu'il ne m'envoie point ces idées immédiatement par lui-même, ni aussi par l'entremise de quelque créature, dans laquelle leur réalité ne soit pas contenue formellement, mais seulement éminemment. Car ne m'ayant donné aucune faculté pour connaître que cela soit, mais au contraire une très grande inclination à croire qu'elles me sont envoyées ou qu'elles partent des choses corporelles, je ne vois pas comment on pourrait l'excuser de tromperie, si en effet ces idées partaient ou étaient produites par d'autres causes que par des choses corporelles. Et partant, il faut confesser qu'il y a des choses corporelles qui existent.

[21] Toutefois, elles ne sont peut-être pas entièrement telles que nous les apercevons par les sens, car cette perception des sens est fort obscure et confuse en plusieurs choses ; mais au moins faut-il avouer que toutes les choses que j'y conçois clairement et distinctement, c'est-à-dire toutes les choses, généralement parlant, qui sont comprises dans l'objet de la géométrie spéculative, s'y retrouvent véritablement. Mais pour ce qui est des autres choses, lesquelles ou sont seulement particulières, par exemple que le soleil soit de telle grandeur et de telle figure, etc., ou bien

sont conçues moins clairement et moins distinctement, comme la lumière, le son, la douleur, et autres
semblables, il est certain qu'encore qu'elles soient
fort douteuses et incertaines, toutefois de cela seul
que Dieu n'est point trompeur, et que par conséquent
il n'a point permis qu'il pût y avoir aucune fausseté
dans mes opinions, qu'il ne m'ait aussi donné quelque faculté capable de la corriger, je crois pouvoir
conclure assurément que j'ai en moi les moyens de les
connaître avec certitude.

[22] Et premièrement il n'y a point de doute que tout
ce que la nature m'enseigne contient quelque vérité.
Car par la nature, considérée en général, je n'entends
maintenant autre chose que Dieu même, ou bien
l'ordre et la disposition que Dieu a établie dans les
choses créées. Et par ma nature en particulier, je
n'entends autre chose que la complexion ou l'assemblage de toutes les choses que Dieu m'a données.

[23] Or il n'y a rien que cette nature m'enseigne plus
expressément, ni plus sensiblement, sinon que j'ai un
corps qui est mal disposé quand je sens de la douleur,
qui a besoin de manger ou de boire, quand j'ai les
sentiments de la faim ou de la soif, etc. Et partant, je
ne dois aucunement douter qu'il n'y ait en cela quelque vérité.

[24] La nature m'enseigne aussi par ces sentiments
de douleur, de faim, de soif, etc., que je ne suis pas
seulement logé dans mon corps, ainsi qu'un pilote en
son navire, mais, outre cela, que je lui suis conjoint
très étroitement et tellement confondu et mêlé que je
compose comme un seul tout avec lui. Car, si cela
n'était, lorsque mon corps est blessé, je ne sentirais
pas pour cela de la douleur, moi qui ne suis qu'une
chose qui pense, mais j'apercevrais cette blessure par
le seul entendement, comme un pilote aperçoit par la
vue si quelque chose se rompt dans son vaisseau ; et

lorsque mon corps a besoin de boire ou de manger, je connaîtrais simplement cela même, sans en être averti par des sentiments confus de faim et de soif. Car en effet tous ces sentiments de faim, de soif, de douleur, etc., ne sont autre chose que de certaines façons confuses de penser, qui proviennent et dépendent de l'union et comme du mélange de l'esprit avec le corps.

[25] Outre cela, la nature m'enseigne que plusieurs autres corps existent autour du mien, entre lesquels je dois poursuivre les uns et fuir les autres. Et certes, de ce que je sens différentes sortes de couleurs, d'odeurs, de saveurs, de sons, de chaleur, de dureté, etc., je conclus fort bien qu'il y a dans les corps, d'où procèdent toutes ces diverses perceptions des sens, quelques variétés qui leur répondent, quoique peut-être ces variétés ne leur soient point en effet semblables. Et aussi, de ce qu'entre ces diverses perceptions des sens, les unes me sont agréables, et les autres désagréables, je puis tirer une conséquence tout à fait certaine, que mon corps (ou plutôt moi-même tout entier, en tant que je suis composé du corps et de l'âme) peut recevoir diverses commodités ou incommodités des autres corps qui l'environnent.

[26] Mais il y a plusieurs autres choses qu'il semble que la nature m'ait enseignées, lesquelles toutefois je n'ai pas véritablement reçues d'elle, mais qui se sont introduites en mon esprit par une certaine coutume que j'ai de juger inconsidérément des choses ; et ainsi il peut aisément arriver qu'elles contiennent quelque fausseté. Comme, par exemple, l'opinion que j'ai que tout espace dans lequel il n'y a rien qui meuve, et fasse impression sur mes sens, soit vide ; que dans un corps qui est chaud, il y ait quelque chose de semblable à l'idée de la chaleur qui est en moi ; que dans un corps blanc ou noir, il y ait la même blancheur ou noirceur que je sens ; que dans un corps amer ou

doux, il y ait le même goût ou la même saveur, et ainsi des autres ; que les astres, les tours et tous les autres corps éloignés soient de la même figure et grandeur qu'ils paraissent de loin à nos yeux, etc.

[27] Mais afin qu'il n'y ait rien en ceci que je ne conçoive distinctement, je dois précisément définir ce que j'entends proprement lorsque je dis que la nature m'enseigne quelque chose. Car je prends ici la nature en une signification plus resserrée que lorsque je l'appelle un assemblage ou une complexion de toutes les choses que Dieu m'a données ; vu que cet assemblage ou complexion comprend beaucoup de choses qui n'appartiennent qu'à l'esprit seul, desquelles je n'entends point ici parler, en parlant de la nature : comme, par exemple, la notion que j'ai de cette vérité, que ce qui a une fois été fait ne peut plus n'avoir point été fait, et une infinité d'autres semblables, que je connais par la lumière naturelle, sans l'aide du corps, et qu'il en comprend aussi plusieurs autres qui n'appartiennent qu'au corps seul, et ne sont point ici non plus contenues sous le nom de nature : comme la qualité qu'il a d'être pesant, et plusieurs autres semblables, desquelles je ne parle pas aussi, mais seulement des choses que Dieu m'a données, comme étant composé de l'esprit et du corps. Or cette nature m'apprend bien à fuir les choses qui causent en moi le sentiment de la douleur, et à me porter vers celles qui me communiquent quelque sentiment de plaisir ; mais je ne vois point qu'outre cela elle m'apprenne que de ces diverses perceptions des sens nous devions jamais rien conclure touchant les choses qui sont hors de nous, sans que l'esprit les ait soigneusement et mûrement examinées. Car c'est, ce me semble, à l'esprit seul, et non point au composé de l'esprit et du corps, qu'il appartient de connaître la vérité de ces choses-là.

[28] Ainsi, quoiqu'une étoile ne fasse pas plus d'impression en mon œil que le feu d'un petit flambeau, il n'y a toutefois en moi aucune faculté réelle ou naturelle qui me porte à croire qu'elle n'est pas plus grande que ce feu, mais je l'ai jugé ainsi dès mes premières années sans aucun raisonnable fondement. Et quoiqu'en approchant du feu je sente de la chaleur, et même que m'en approchant un peu trop près je ressente de la douleur, il n'y a toutefois aucune raison qui me puisse persuader qu'il y a dans le feu quelque chose de semblable à cette chaleur, non plus qu'à cette douleur ; mais seulement j'ai raison de croire qu'il y a quelque chose en lui, quelle qu'elle puisse être, qui excite en moi ces sentiments de chaleur ou de douleur.

[29] De même aussi, quoiqu'il y ait des espaces dans lesquels je ne trouve rien qui excite et meuve mes sens, je ne dois pas conclure pour cela que ces espaces ne contiennent en eux aucun corps ; mais je vois que, tant en ceci qu'en plusieurs autres choses semblables, j'ai accoutumé de pervertir et confondre l'ordre de la nature, parce que ces sentiments ou perceptions des sens n'ayant été mises en moi que pour signifier à mon esprit quelles choses sont convenables ou nuisibles au composé dont il est partie, et jusque-là étant assez claires et assez distinctes, je m'en sers néanmoins comme si elles étaient des règles très certaines, par lesquelles je pusse connaître immédiatement l'essence et la nature des corps qui sont hors de moi, de laquelle toutefois elles ne me peuvent rien enseigner que de fort obscur et confus.

[30] Mais j'ai déjà ci-devant assez examiné comment, nonobstant la souveraine bonté de Dieu, il arrive qu'il y ait de la fausseté dans les jugements que je fais en cette sorte. Il se présente seulement encore ici une difficulté touchant les choses que la nature m'enseigne devoir être suivies ou évitées, et aussi tou-

chant les sentiments intérieurs qu'elle a mis en moi ; car il me semble y avoir quelquefois remarqué de l'erreur, et ainsi que je suis directement trompé par ma nature. Comme, par exemple, le goût agréable de quelque viande, en laquelle on aura mêlé du poison, peut m'inviter à prendre ce poison, et ainsi me tromper. Il est vrai toutefois qu'en ceci la nature peut être excusée, car elle me porte seulement à désirer la viande dans laquelle je rencontre une saveur agréable, et non point à désirer le poison, lequel lui est inconnu ; de façon que je ne puis conclure de ceci autre chose, sinon que ma nature ne connaît pas entièrement et universellement toutes choses : de quoi certes il n'y a pas lieu de s'étonner, puisque l'homme, étant d'une nature finie, ne peut aussi avoir qu'une connaissance d'une perfection limitée.

[31] Mais nous nous trompons aussi assez souvent, même dans les choses auxquelles nous sommes directement portés par la nature, comme il arrive aux malades, lorsqu'ils désirent de boire ou de manger des choses qui leur peuvent nuire. On dira peut-être ici que ce qui est cause qu'ils se trompent est que leur nature est corrompue ; mais cela n'ôte pas la difficulté, parce qu'un homme malade n'est pas moins véritablement la créature de Dieu qu'un homme qui est en pleine santé ; et partant il répugne autant à la bonté de Dieu qu'il ait une nature trompeuse et fautive, que l'autre. Et comme une horloge, composée de roues et de contrepoids, n'observe pas moins exactement toutes les lois de la nature, lorsqu'elle est mal faite, et qu'elle ne montre pas bien les heures, que lorsqu'elle satisfait entièrement au désir de l'ouvrier ; de même aussi, si je considère le corps de l'homme comme étant une machine tellement bâtie et composée d'os, de nerfs, de muscles, de veines, de sang et de peau, qu'encore bien qu'il n'y eût en lui aucun esprit, il ne laisserait pas de se mouvoir en toutes les mêmes

façons qu'il fait à présent, lorsqu'il ne se meut point par la direction de sa volonté, ni par conséquent par l'aide de l'esprit, mais seulement par la disposition de ses organes, je reconnais facilement qu'il serait aussi naturel à ce corps, étant, par exemple, hydropique, de souffrir la sécheresse de gosier, qui a coutume de signifier à l'esprit le sentiment de la soif, et d'être disposé par cette sécheresse à mouvoir ses nerfs et ses autres parties, en la façon qui est requise pour boire, et ainsi d'augmenter son mal et se nuire à soi-même, qu'il lui est naturel, lorsqu'il n'a aucune indisposition, d'être porté à boire pour son utilité par une semblable sécheresse de gosier. Et quoique, regardant à l'usage auquel l'horloge a été destinée par son ouvrier, je puisse dire qu'elle se détourne de sa nature, lorsqu'elle ne marque pas bien les heures ; et qu'en même façon, considérant la machine du corps humain comme ayant été formée de Dieu pour en avoir en soi tous les mouvements qui ont coutume d'y être, j'aie sujet de penser qu'elle ne suit pas l'ordre de sa nature, quand son gosier est sec, et que le boire nuit à sa conservation ; je reconnais toutefois que cette dernière façon d'expliquer la nature est beaucoup différente de l'autre. Car celle-ci n'est autre chose qu'une simple dénomination, laquelle dépend entièrement de ma pensée, qui compare un homme malade et une horloge mal faite, avec l'idée que j'ai d'un homme sain et d'une horloge bien faite, et laquelle ne signifie rien qui se retrouve en la chose dont elle se dit ; au lieu que, par l'autre façon d'expliquer la nature, j'entends quelque chose qui se rencontre véritablement dans les choses, et partant qui n'est point sans quelque vérité.

[32] Mais certes, quoique, au regard du corps hydropique, ce ne soit qu'une dénomination extérieure, lorsqu'on dit que sa nature est corrompue, en ce que, sans avoir besoin de boire, il ne laisse pas d'avoir le

gosier sec et aride ; toutefois, au regard de tout le composé, c'est-à-dire de l'esprit ou de l'âme unie à ce corps, ce n'est pas une pure dénomination, mais bien une véritable erreur de nature, en ce qu'il a soif, lorsqu'il lui est très nuisible de boire ; et partant, il reste encore à examiner comment la bonté de Dieu n'empêche pas que la nature de l'homme, prise de cette sorte, soit fautive et trompeuse.

[33] Pour commencer donc cet examen, je remarque ici, premièrement, qu'il y a une grande différence entre l'esprit et le corps, en ce que le corps, de sa nature, est toujours divisible, et que l'esprit est entièrement indivisible. Car en effet, lorsque je considère mon esprit, c'est-à-dire moi-même en tant que je suis seulement une chose qui pense, je n'y puis distinguer aucunes parties, mais je me conçois comme une chose seule et entière. Et quoique tout l'esprit semble être uni à tout le corps, toutefois un pied, ou un bras, ou quelque autre partie étant séparée de mon corps, il est certain que pour cela il n'y aura rien de retranché de mon esprit. Et les facultés de vouloir, de sentir, de concevoir, etc., ne peuvent pas proprement être dites ses parties : car le même esprit s'emploie tout entier à vouloir, et aussi tout entier à sentir, à concevoir, etc. Mais c'est tout le contraire dans les choses corporelles ou étendues : car il n'y en a pas une que je ne mette aisément en pièces par ma pensée, que mon esprit ne divise fort facilement en plusieurs parties et par conséquent que je ne connaisse être divisible. Ce qui suffirait pour m'enseigner que l'esprit ou l'âme de l'homme est entièrement différente du corps, si je ne l'avais déjà d'ailleurs assez appris.

[34] Je remarque aussi que l'esprit ne reçoit pas immédiatement l'impression de toutes les parties du corps, mais seulement du cerveau, ou peut-être même d'une de ses plus petites parties, à savoir de celle où s'exerce cette faculté qu'ils appellent le sens com-

mun, laquelle, toutes les fois qu'elle est disposée de
même façon, fait sentir la même chose à l'esprit,
quoique cependant les autres parties du corps puissent être diversement disposées, comme le témoignent une infinité d'expériences, lesquelles il n'est
pas ici besoin de rapporter.

[35] Je remarque, outre cela, que la nature du corps
est telle qu'aucune de ses parties ne peut être mue par
une autre partie un peu éloignée, qu'elle ne le puisse
être aussi de la même sorte par chacune des parties
qui sont entre deux, quoique cette partie plus éloignée n'agisse point. Comme, par exemple, dans la
corde A B C D qui est toute tendue, si l'on vient à
tirer et remuer la dernière partie D, la première A ne
sera pas remuée d'une autre façon, qu'on la pourrait
aussi faire mouvoir, si on tirait une des parties
moyennes, B ou C, et que la dernière D demeurât
cependant immobile. Et en même façon, quand je
ressens de la douleur au pied, la physique m'apprend
que ce sentiment se communique par le moyen des
nerfs dispersés dans le pied, qui se trouvant étendus
comme des cordes depuis là jusqu'au cerveau,
lorsqu'ils sont tirés dans le pied, tirent aussi en même
temps l'endroit du cerveau d'où ils viennent et auquel
ils aboutissent, et y excitent un certain mouvement,
que la nature a institué pour faire sentir de la douleur
à l'esprit, comme si cette douleur était dans le pied.
Mais parce que ces nerfs doivent passer par la jambe,
par la cuisse, par les reins, par le dos et par le col,
pour s'étendre depuis le pied jusqu'au cerveau, il
peut arriver qu'encore bien que leurs extrémités qui
sont dans le pied ne soient point remuées, mais seulement quelques-unes de leurs parties qui passent par
les reins ou par le col, cela néanmoins excite les
mêmes mouvements dans le cerveau, qui pourraient y
être excités par une blessure reçue dans le pied, en
suite de quoi il sera nécessaire que l'esprit ressente

dans le pied la même douleur que s'il y avait reçu une blessure. Et il faut juger le semblable de toutes les autres perceptions de nos sens.

[36] Enfin je remarque que, puisque de tous les mouvements qui se font dans la partie du cerveau dont l'esprit reçoit immédiatement l'impression, chacun ne cause qu'un certain sentiment, on ne peut rien en cela souhaiter ni imaginer de mieux, sinon que ce mouvement fasse ressentir à l'esprit, entre tous les sentiments qu'il est capable de causer, celui qui est le plus propre et le plus ordinairement utile à la conservation du corps humain, lorsqu'il est en pleine santé. Or l'expérience nous fait connaître que tous les sentiments que la nature nous a donnés sont tels que je viens de dire ; et partant, il ne se trouve rien en eux qui ne fasse paraître la puissance et la bonté de Dieu qui les a produits.

[37] Ainsi, par exemple, lorsque les nerfs qui sont dans le pied sont remués fortement, et plus qu'à l'ordinaire, leur mouvement, passant par la moelle de l'épine du dos jusqu'au cerveau, fait une impression à l'esprit qui lui fait sentir quelque chose, à savoir de la douleur, comme étant dans le pied, par laquelle l'esprit est averti et excité à faire son possible pour en chasser la cause, comme très dangereuse et nuisible au pied.

[38] Il est vrai que Dieu pouvait établir la nature de l'homme de telle sorte que ce même mouvement dans le cerveau fît sentir tout autre chose à l'esprit : par exemple, qu'il se fît sentir soi-même, ou en tant qu'il est dans le cerveau, ou en tant qu'il est dans le pied, ou bien en tant qu'il est en quelque autre endroit entre le pied et le cerveau, ou enfin quelque autre chose telle qu'elle peut être ; mais rien de tout cela n'eût si bien contribué à la conservation du corps, que ce qu'il lui fait sentir.

[39] De même, lorsque nous avons besoin de boire, il naît de là une certaine sécheresse dans le gosier, qui remue ses nerfs, et par leur moyen les parties intérieures du cerveau ; et ce mouvement fait ressentir à l'esprit le sentiment de la soif, parce qu'en cette occasion-là il n'y a rien qui nous soit plus utile que de savoir que nous avons besoin de boire, pour la conservation de notre santé ; et ainsi des autres.

[40] D'où il est entièrement manifeste que, nonobstant la souveraine bonté de Dieu, la nature de l'homme, en tant qu'il est composé de l'esprit et du corps, ne peut qu'elle ne soit quelquefois fautive et trompeuse.

[41] Car s'il y a quelque cause qui excite, non dans le pied mais en quelqu'une des parties du nerf qui est tendu depuis le pied jusqu'au cerveau, ou même dans le cerveau, le même mouvement qui se fait ordinairement quand le pied est mal disposé, on sentira de la douleur comme si elle était dans le pied, et le sens sera naturellement trompé ; parce qu'un même mouvement dans le cerveau ne pouvant causer en l'esprit qu'un même sentiment, et ce sentiment étant beaucoup plus souvent excité par une cause qui blesse le pied, que par une autre qui soit ailleurs, il est bien plus raisonnable qu'il porte à l'esprit la douleur du pied que celle d'aucune autre partie. Et quoique la sécheresse du gosier ne vienne pas toujours, comme à l'ordinaire, de ce que le boire est nécessaire pour la santé du corps, mais quelquefois d'une cause toute contraire, comme expérimentent les hydropiques, toutefois il est beaucoup mieux qu'elle trompe en ce rencontre-là, que si, au contraire, elle trompait toujours lorsque le corps est bien disposé ; et ainsi des autres.

[42] Et certes cette considération me sert beaucoup, non seulement pour reconnaître toutes les erreurs auxquelles ma nature est sujette, mais aussi pour les

éviter, ou pour les corriger plus facilement : car
sachant que tous mes sens me signifient plus ordinairement le vrai que le faux, touchant les choses qui
regardent les commodités ou incommodités du corps,
et pouvant presque toujours me servir de plusieurs
d'entre eux pour examiner une même chose et, outre
cela, pouvant user de ma mémoire pour lier et joindre
les connaissances présentes aux passées, et de mon
entendement qui a déjà découvert toutes les causes de
mes erreurs, je ne dois plus craindre désormais qu'il
se rencontre de la fausseté dans les choses qui me sont
le plus ordinairement représentées par mes sens. Et je
dois rejeter tous les doutes de ces jours passés,
comme hyperboliques et ridicules, particulièrement
cette incertitude si générale touchant le sommeil, que
je ne pouvais distinguer de la veille : car à présent j'y
rencontre une très notable différence, en ce que notre
mémoire ne peut jamais lier et joindre nos songes les
uns aux autres et avec toute la suite de notre vie, ainsi
qu'elle a de coutume de joindre les choses qui nous
arrivent étant éveillés. Et, en effet, si quelqu'un, lorsque je veille, m'apparaissait tout soudain et dispa-
raissait de même, comme font les images que je vois
en dormant, en sorte que je ne pusse remarquer ni
d'où il viendrait, ni où il irait, ce ne serait pas sans
raison que je l'estimerais un spectre ou un fantôme
formé dans mon cerveau, et semblable à ceux qui s'y
forment quand je dors, plutôt qu'un vrai homme.
Mais lorsque j'aperçois des choses dont je connais
distinctement et le lieu d'où elles viennent, et celui où
elles sont, et le temps auquel elles m'apparaissent, et
que, sans aucune interruption, je puis lier le sentiment que j'en ai avec la suite du reste de ma vie, je
suis entièrement assuré que je les aperçois en veillant,
et non point dans le sommeil. Et je ne dois en aucune
façon douter de la vérité de ces choses-là, si après
avoir appelé tous mes sens, ma mémoire et mon
entendement pour les examiner, il ne m'est rien rap-

porté par aucun d'eux, qui ait de la répugnance avec ce qui m'est rapporté par les autres. Car de ce que Dieu n'est point trompeur, il suit nécessairement que je ne suis point en cela trompé.

[43] Mais parce que la nécessité des affaires nous oblige souvent à nous déterminer, avant que nous ayons eu le loisir de les examiner si soigneusement, il faut avouer que la vie de l'homme est sujette à faillir fort souvent dans les choses particulières ; et enfin il faut reconnaître l'infirmité et la faiblesse de notre nature.

COMMENTAIRE

LES
MÉDITATIONS
MÉTAPHYSIQUES
de
Descartes

Introduction

Dans *Les Méditations métaphysiques* a lieu un événement exceptionnel : une pensée entièrement rigoureuse se déploie du début à la fin et semble tirer toute sa force de ses seules ressources. On n'y trouvera rien d'autre que de la pensée, mais on y trouvera toute la pensée : c'est-à-dire un **moi**, une conscience, un monde, et finalement, assurément, LE monde. Il faudra s'étonner que la pensée puisse être si vivante et si riche. La simple pensée, pourvu qu'elle soit correctement conduite, peut autant dire tout : penser le vrai en pensant vraiment ; retrouver, dûment construit, devenu transparent à l'intelligence, le monde dont il a fallu d'abord s'éloigner.

La lecture des *Méditations métaphysiques* est donc l'occasion de comprendre, en ce qu'il a d'irrécusable, le projet de toute philosophie **idéaliste** de montrer jusqu'où peut aller une pensée et de ne reconnaître pour vrai qu'une vérité pensée, produite et comprise par une pensée. La méthode, *réflexive,* consiste à penser, et seulement à penser.

Dans la *Préface*, Descartes exige deux choses de ses lecteurs. D'abord, ils doivent détacher « leur esprit du commerce des sens » et le « délivrer entièrement de toutes sortes de préjugés », ce qui est demander l'effort réflexif propre à une pensée décidée à ne suivre que son mouvement interne, résolument oublieuse, donc, de tout ce qui lui est étranger : l'épaisseur des sensations et toutes ces pensées que l'on n'a jamais pris la peine de penser, qui ne sont pas pensées, et qu'on appelle « préjugés ». Ensuite, les lecteurs ne doivent pas s'amuser à « épiloguer sur chacune des parties », « sans se soucier beaucoup de l'ordre et de la liaison » des raisons : cet avertissement est essentiel, car *Les Méditations métaphysiques* forment une totalité vivante qu'il ne faut pas disjoindre ; il faut les lire **toutes** et **dans l'ordre.** *Les Méditations*, en effet, ne sont pas une suite de chapitres, traitant arbitrairement de diverses questions, mais une suite de raisons qui s'appuient les unes sur les autres, selon l'ordre de leur déduction : ce qui précède sert à démontrer ce qui suit et les vérités se disposent selon une succession obligée. On ne peut pas démontrer n'importe quoi à n'importe quel moment. C'est la pensée qui règle le savoir : l'ordre des raisons (cartésien) s'oppose à l'ordre des matières (scolastique*), si bien que la disposition du savoir résulte non de la liaison des objets, mais de la liaison des pensées, du mouvement par lequel on comprend et démontre, par lequel on passe, comme en algèbre, du connu à l'inconnu et du simple au composé.

Il reste à rappeler que *Les Méditations métaphysiques* sont des méditations. La méditation est un genre défini, qui n'implique aucun ressassement de l'intériorité, mais suppose seulement qu'on y trouve l'expression d'une pensée et de son activité, sans aucune référence à un savoir venu d'ailleurs. Cette pensée ne discute qu'avec elle-même : les objections éventuelles du lecteur, mises de côté, trouveront, séparément, leurs réponses. L'accord de la pensée avec elle-même précède l'accord avec l'autre pensée. Plus que le dialogue, au sens platonicien, ce que refuse Descartes, c'est la discussion ou la joute scolastique*, réglée par l'apparence rhétorique.

Le titre des *Méditations* correspond à leur projet : elles touchent « la première philosophie », ce qui explique qu'elles soient « métaphysiques ». Le texte lui-même éclaire assez ce qu'il faut entendre par là. Remarquons simplement qu'il s'agit de **fonder un savoir**. Ce que découvre Descartes, c'est l'idée d'une science absolument certaine, parce que fondée en toutes ses raisons. La philosophie remonte à ce fondement absolu sur lequel pourront s'édifier les diverses sciences qui relèvent de la connaissance de la nature. La métaphysique fonde ainsi la physique. On verra aussi comment « l'existence de Dieu et la distinction réelle entre l'âme et le corps de l'homme » se rattachent à ce propos : Dieu, pour remonter aux conditions ultimes qui font que le vrai est vrai ; la séparation de l'âme et du corps, pour rendre possible une physique, une science des corps délivrée de l'animisme*. Il n'est pas question de théologie, mais de la science : cette science nouvelle qui apparaît à la Renaissance, et dont Descartes veut établir, ici, non pas la valeur scientifique, mais la valeur absolue. Plus que d'épistémologie*, il s'agit de philosophie, exactement de métaphysique : nous devons savoir pourquoi le vrai est vrai et à quel titre nous sommes certains de nos certitudes.

Premier Chapitre

PREMIÈRE MÉDITATION
Des choses que l'on peut révoquer en doute.

[1] L'idée d'une science certaine et la résolution de douter

Les Méditations s'ouvrent sur un rappel autobiographique. L'entreprise des *Méditations* est de tout repenser par ordre, et cela exige de s'arracher au déroulement quotidien de la vie, qui ne fait qu'ajouter des préjugés à des préjugés. Le commencement de la vie ne coïncide pas avec le commencement du savoir : la vie commence par l'enfance qui est essentiellement l'âge du préjugé. Au début de la vie, nos sens sont entiers et notre puissance de juger infirme, si bien que, écrasés sous le poids de l'évidence sensible, nous sommes incapables de penser, incapables de refuser ou d'accepter, volontairement et par connaissance, les représentations qui nous sollicitent. Enfants, nos représentations sont nécessairement des préjugés, faute d'en pouvoir juger. Dans l'ordre de la vie, le principe est donc l'ignorance et l'incertitude.

Au contraire, le principe du savoir est la certitude : la première de nos connaissances, qui doit soutenir toutes les autres, doit être la plus certaine et la mieux connue. C'est pourquoi il faut s'arracher à l'ordre de la vie.

Comment s'y arracher ? La vie elle-même doit rendre cette rupture possible. C'est bien pourquoi Descartes rappelle ici sa vie, ou du moins sa biographie intellectuelle, comme dans le *Discours de la méthode*.

C'est la suite même de l'existence qui lui a fait apparaître peu à peu l'incertitude et l'obscurité des opinions reçues dès son enfance et qui lui a fait comprendre qu'on ne pouvait rien en tirer de solide. Pourtant, Descartes a « attendu » : il y a un âge, celui d'homme, pour y voir clair et renoncer à ses anciennes opinions. Régler cette question trop tôt, alors qu'on ne dispose pas d'une entière puissance de penser, serait **précipitation** et n'aboutirait qu'à échanger des préjugés contre d'autres préjugés. La décision d'en finir avec l'enfance n'est donc pas négative : elle est commandée par le projet d'établir « quelque chose de ferme et de constant dans les sciences ». La destruction « de toutes les opinions [...] reçues jusques alors en [notre] créance » ne participe pas d'un projet destructeur, mais fondateur : « commencer tout de nouveau dès les fondements... ». La table rase ne sert qu'à repartir de zéro, pour revenir au véritable point de départ du savoir. On ne détruit et on ne creuse que pour établir des fondations. Loin d'être la destruction du savoir, la fin de cette entreprise est au contraire l'idée d'une science parfaite : c'est le renversement même du scepticisme. Le doute n'est ici qu'un moyen. Il tire son énergie d'une volonté de vérité, il n'est pas la conclusion d'une ignorance qui ne s'accepte plus, mais résolution de douter. C'est pourquoi, si Descartes a attendu, il n'attend pas toujours : la rapidité et l'efficacité du doute contrastent avec la lenteur du temps de la délibération. Le doute sera fulgurant : en une méditation, fort brève et rigoureusement simple, on aura tout démoli.

[2] Le doute est méthodique et hyperbolique

Si Descartes remet en cause, ici, toutes ses anciennes opinions, cette critique ne porte en rien sur la pratique et les croyances qui en relèvent, sur la société, les institutions politiques, la religion. Il ne faut pas voir là timidité de la part de Descartes, mais rigueur : la mise hors jeu de la pratique conditionne le sérieux du doute, rend possible un doute absolument radical. Comment pourrait-on anéantir « sérieusement » toutes les vérités de l'expérience et même de notre raison, s'il fallait, étendant à la pratique les conséquences de cette négation, littéralement cesser de vivre ? C'est alors que ce ne serait pas sérieux, et l'urgence de la vie aurait tôt fait de nous rendre à nos préjugés. Il convient au contraire d'avoir l'esprit « libre de tous soins », c'est-à-dire libéré de tout souci d'ordre vital, et de se procurer « un repos assuré dans une paisible solitude ».

Ainsi *libérée* (peu importent les conséquences : la vie a été mise à l'abri), l'entreprise du doute doit être *sérieuse* : on ne doute vraiment, on ne renonce vraiment à croire que si des raisons sont avancées. Le doute ne saurait être purement verbal. La difficulté, c'est que s'il faut récuser, l'une après l'autre, chacune de nos anciennes opinions, on n'en viendra « jamais à bout » — sans compter que, parmi ces opinions, il peut s'en trouver de vraies. Mais ce doute n'est pas celui d'un entendement cauteleux et diviseur, il ne fait pas de détails, et c'est en cela, non qu'il manque de rigueur, mais qu'il manifeste sa puissance : il est **méthodique**.

Le doute méthodique n'a d'abord de sens que par son *universalité* : il porte sur *toutes* les opinions reçues car, avant la reconstruction par ordre du savoir, il ne doit *rien* rester. On pourra bien reprendre des pierres de l'ancien édifice, mais la place doit être *entièrement* nette. Le doute doit aussi être *global*, sans quoi nous ne serons jamais sûrs d'avoir récusé *toutes* nos opinions. Il ne s'agit donc pas d'examiner, parmi nos opinions, celles qui sont fausses et celles qui sont vraies : il faut les récuser d'avance et de droit. Ce doute se distingue donc, par son audace, d'une prudence théorique qui hésiterait à affirmer, de peur de se tromper. Il est délibérément excessif : « Je ne dois pas moins soigneusement m'empêcher de donner créance aux choses qui ne sont pas entièrement certaines et indubitables, qu'à celles qui nous paraissent manifestement être fausses, le moindre sujet de douter que j'y trouverai suffira pour me les faire toutes rejeter. » N'est-il pas excessif de ramener le douteux au faux ? Ne peut-il être vrai ? Pourquoi ne pas admettre du probable ? Dans les *Septièmes Objections*, le père Bourdin reproche à Descartes de récuser tout le savoir, alors que seules quelques parties doivent en être éliminées. C'est là un contresens total. D'abord, parce que le doute n'est qu'un préalable et n'a aucun caractère définitif : lorsque, dans une corbeille de pommes, il en est de pourries, on doit, dit Descartes, *premièrement* vider *tout* le panier, et, *ensuite,* y remettre, *les uns après les autres,* les fruits sains, qu'il n'est pas question de rejeter, même si l'on a dû sortir tous les fruits de la corbeille. En outre, ce doute tire sa signification de ce qu'il est **hyperbolique** : il ne consiste pas à douter, ce qui réserverait une incertitude, mais à tenir pour faux ce qui n'est que douteux. L'excès est le nerf du doute : le préjugé (qui tient le probable pour vrai) est aussi un excès, que le doute corrige, comme pour redresser un bâton, par une torsion en sens inverse. Le doute cartésien n'est pas incertitude, mais défiance, ce pourquoi il est libre et volontaire : pour douter ainsi, il faut le vouloir.

Enfin, le doute est **radical**. Conçu comme système, ou plus précisément comme ordre des raisons, le savoir est un ensemble où tout se tient. Ce qui compte n'est pas sa coïncidence éventuelle avec le vrai, mais l'élucidation déductive qui établit le vrai en en déployant l'intelligibilité. Les parties du savoir reposent donc les unes sur les autres, si bien que « la ruine des fondements entraîne nécessairement avec soi tout le reste de l'édifice ». Le doute peut être global et universel en étant **radical** : il vise les principes, non le contenu du savoir ; il l'attaque à la base.

Cela fournit l'ordre à suivre : il faut faire apparaître les principes de nos anciennes opinions, et, ainsi ordonnées, les récuser en remontant au principe premier de leur validité. On distinguera donc des niveaux de certitude, correspondant au niveau du doute requis pour les ébranler. De là une hiérarchie des certitudes, jusqu'à l'indubitable qui clôt le doute, qui est mesure de la certitude.

[3] à [5] Le doute dans la sphère du SENSIBLE

Doute philosophique et non pas naturel ou vulgaire, le doute cartésien porte d'abord sur ce qui est « le plus vrai et assuré ». Du moins « jusqu'à présent » : car il aura pour effet de retourner l'ordre des certitudes, tel que nous le disposons spontanément. Jusque-là, c'est sur la certitude sensible, majeure, première, écrasante, que semblent reposer toutes les autres. Il faut donc commencer par elle. C'est donc le principe même de la connaissance sensible qui va être récusé, ce principe sur lequel, depuis Aristote* et jusqu'à la science moderne, se fondait la connaissance de la nature.

Cette certitude est tellement enracinée que, déjà, en douter paraît relever du paradoxe. Descartes est pourtant sérieux et, pour écarter le soupçon de rhétorique — la mise en cause de l'existence du monde extérieur n'est-elle pas un très vieux thème, non seulement sceptique*, mais littéraire et poétique ? —, il se propose d'établir par des raisons, réellement, que l'évidence sensible n'est pas aussi évidente qu'on le croit ordinairement. Pour cela, il faut déjà s'arracher au sensible, ce qui est le commencement de toute réflexion rationnelle : renoncer à faire de la certitude sensible le modèle de toutes nos certitudes.

• *La folie et le rêve*

Il ne s'agit donc pas, banalement, de rappeler que nos sens sont trompeurs, ni de cette misérable précaution qui consiste à « ne se fier jamais entièrement à ceux qui nous ont une fois trompés ». Il s'agit de douter, non de l'incertitude sensible, mais de la *certitude* sensible, celle qui se donne comme irrécusable : « Que je sois ici, assis auprès du feu, vêtu d'une robe de chambre, ayant ce papier entre les mains, et autres choses de cette nature ». Qui pourrait douter de cela, sinon ces « insensés » qui ont le cerveau « troublé », ces « fous » qui assurent « qu'ils sont des rois, lorsqu'ils sont très pauvres », ou s'imaginent « avoir un corps de verre » ? Ce genre d'argument se retournerait contre le doute qu'on dirait alors, à bon droit, extravagant : nous ne cherchons pas à nous confondre avec les fous, mais à dégager une rationalité supérieure. Qu'il soit donc clair que le doute philosophique à l'égard de l'existence du monde extérieur n'est pas un comportement délirant et n'a rien à voir avec la perte pathologique de la réalité.

Point n'est besoin de l'expérience des fous : « J'ai ici à considérer que je suis homme ». Chacun, communément, peut s'interroger sur la solidité du monde sensible. Chacun dort et rêve sans pour autant sombrer dans la folie, et nous nous représentons dans nos songes « les mêmes choses, ou quelquefois de moins vraisemblables, que ces insensés, lorsqu'ils veillent ». Cet argument est donc plus fort, car il n'est pas insensé de demander ce qui prouve que ce que nous appelons la réalité n'est pas un rêve. Il est clair que notre croyance spontanée en la réalité sensible ne repose sur rien d'évident. Toutefois, Descartes se distingue des sceptiques* : son argument ne vise pas à conclure que la réalité est un rêve (la *Méditation sixième* établira au contraire sa pleine existence), mais à nous faire saisir que notre croyance au monde extérieur n'est pas certaine. L'ordre de nos certitudes bascule : nous sommes déjà plus certains de cela que de l'existence des choses et, désormais, par une certitude pensée, non pas simplement ressentie. Cette certitude a beau paraître abstraite et lointaine, elle n'est point rêve, et elle résiste, car elle repose sur des raisons. Le rationnel est plus certain que l'empirique qui n'est que vécu et éprouvé, mais n'est ni pensé, ni compris.

[6] à [8] Le doute dans la sphère des vérités RATIONNELLES

Hyperbolique, le doute cartésien consiste à nier plutôt qu'à douter. L'*incertitude* concernant le sensible doit donc être convertie en *récusation* du sensible. « Supposons donc maintenant que nous sommes endormis, et que toutes ces particularités-ci [...] ne sont que de fausses illusions. » La négation du sensible fait apparaître ce qui résiste à la suppression du sensible et s'affirme par là comme plus certain, comme indubitable au doute portant sur le sensible, comme relevant, donc, d'une certitude plus élevée.

Il y a des choses auxquelles nous croyons encore lorsque nous ne croyons plus au monde, donc plus certaines encore. Nous les ferons apparaître en considérant ce qui, lorsqu'on réduit le monde réel à un monde imaginaire, ne peut, en aucune façon, être imaginaire. Ainsi, la suppression de la croyance au monde n'empêche pas qu'un monde nous soit représenté, serait-il non existant.

• *L'exemple de la peinture*

Nous ne pouvons nier le caractère représentatif de nos sensations. De la même façon, les tableaux exécutés par les peintres peuvent bien être des œuvres de fiction, toujours est-il qu'ils représentent quelque chose. Tant qu'une peinture est **figurative**, même si elle est entièrement d'imagination, elle représente toujours par une ressemblance quelque chose qui est « réel » et « véritable ». Même inventé par le peintre, un personnage aura toujours « des yeux, une tête, des mains et tout le reste du corps ». Ces « choses générales », qui reviennent identiquement en tout portrait, « ne sont pas choses imaginaires », mais existent même si l'individu qu'elles constituent par composition n'existe pas. Il en va de même pour les êtres intégralement imaginaires : les éléments simples dont ces formes sont constituées ne sont pas inventés, car la sirène est femme et poisson, le satyre homme et bouc. A la limite, une peinture **non figurative** ne comportera plus d'éléments empruntés à des formes définies, mais portera au moins des couleurs qui seront « véritables ». Le peintre ne peut inventer des couleurs qui n'existeraient qu'en peinture. Cela excède toute fiction possible.

Il en va de même de « ces images des choses qui résident en notre pensée », les représentations dont nous avons conscience : leur contenu ne peut être entièrement fictif. Il y a des éléments simples qui ne peuvent être feints. Il y a des choses qui sont à la conscience ce que les couleurs sont à la peinture, mais « encore plus simples et plus universelles ». Ainsi, nous possédons la représentation de « la nature corporelle en général » : nous pouvons douter qu'il y ait des corps, mais tout ce que la conscience se représente comme extérieur à elle, elle ne peut pas se le représenter autrement que comme un corps. Nous ne pouvons nous représenter un corps autrement qu'avec une certaine extension, et nous avons donc la notion de l'étendue. Les choses étendues doivent avoir une figure, une grandeur, un nombre. Elles sont quelque part et doivent avoir un lieu. Elles durent ce qu'elles durent, et il y a du temps. Tout cela est vrai même en imagination*, demeure même si rien n'existe, est identique dans le rêve et dans la réalité sensible.

Cette région, qui présente un ordre de certitude plus fondamental que le sensible, constitue, avec toutes nos représentations simples et générales, la région des vérités rationnelles, qui demeure après que la certitude sensible s'est effondrée. Elle ne nous apprend rien sur l'existence des choses extérieures, mais elle est plus certaine, parce qu'elle vaut par elle-même : « Que je veille ou que je dorme, deux et trois joints ensemble formeront toujours le nombre de cinq. »

Il faut donc distinguer deux sortes de sciences : d'un côté, la physique, l'astronomie, la médecine portent sur des choses existantes, singulières et composées. Elles sont « fort douteuses et incertaines », puisque, si le monde n'existe pas, il n'y a ni nature, ni astres, ni corps. De l'autre côté, au contraire, « l'arithmétique, la géométrie, et les autres sciences de cette nature », qui traitent du nombre, de la grandeur, de la figure, sont vraies même si rien n'existe. Elles sont vraies *nécessairement*. On a ainsi distingué les sciences empiriques et les sciences rationnelles. La certitude de ces dernières est inaccessible au doute portant sur l'existence des choses. « Il ne semble pas possible que des vérités si apparentes* puissent être soupçonnées d'aucune fausseté ou d'incertitude. »

[9] à [12] Le doute métaphysique

Si nous ne pouvions douter de ces vérités rationnelles, nous serions au terme du doute. Cette croyance, cependant, est au nombre de nos anciennes opinions : non moins que notre croyance, naturelle, en l'existence des choses sensibles, elle ne doit échapper à l'épreuve du doute. L'idée, vertigineusement profonde de Descartes, est ici que la rationalité même doit être fondée. une rationalité non critiquée, spontanée, ne vaut guère mieux que la soumission aveugle au sensible : un rationalisme irréfléchi est, au fond, un préjugé comme un autre. En allant au-delà de nos certitudes, non seulement **naturelles**, mais **rationnelles**, l'interrogation devient **métaphysique**.

• *Dieu est-il trompeur ?*

Comment douter des vérités rationnelles ? On se souvient, parmi nos anciennes opinions, d'avoir entendu parler d'un Dieu « qui peut tout ». Il pourrait, alors — le thème est traditionnel —, faire que notre raison soit folle, faire « que je me trompe toutes les fois que je fais l'addition de deux et de trois, ou que je nombre les côtés d'un carré ». Nombreuses sont les interprétations du christianisme, par exemple, qui se servent de la toute-puissance de Dieu pour anéantir la raison humaine. Telle est, à certains égards, l'argumentation d'un Pascal. Descartes répugne à une telle utilisation de l'idée de Dieu : plus qu'un dépassement, mystique, de notre raison par la toute-puissance divine, il ne peut y voir qu'une tromperie de la part de Dieu, et indigne de Lui : « Dieu n'a pas voulu que je fusse déçu* de la sorte, car il est souverainement bon. » Cela dit, un problème demeure, sur lequel il faudra revenir : Dieu permet « que je me trompe quelquefois », sinon toujours. On ne peut écarter trop vite l'hypothèse d'un Dieu trompeur. Cette question sera examinée dans la *Méditation quatrième.*

• *L'athéisme*

Comme une certaine croyance en Dieu pouvait conduire à l'irrationalisme, le rationalisme pourrait conduire à l'athéisme. « Il y aura peut-être ici des personnes qui aimeront mieux nier l'existence d'un Dieu si puissant, que de croire que toutes les autres choses sont incertaines. » Cela reviendrait à refuser de dépasser la raison et à arrêter là le doute. Dom Juan croit que deux et deux font quatre, affirmant par là sa confiance en la rationalité et l'inutilité d'une métaphysique pour fonder le savoir humain.

C'est un point que Descartes entend examiner : « Supposons, en leur faveur, que tout ce qui est dit ici d'un Dieu soit une fable. » Pour Descartes, Dieu est plutôt une garantie qu'une menace : il y aurait donc, de la part de l'athéisme, un malentendu. En niant l'existence de Dieu pour sauver la raison d'une dépendance qui la relativise (mais qui peut aussi la confirmer), les athées livrent la rationalité à elle-même et la font sombrer. Il faudrait alors admettre l'hypothèse matérialiste et voir dans notre raison le produit aveugle de quelque « destin » ou « hasard », et c'est là qu'elle risque de n'être pas raisonnable. L'idée de vérité rationnelle n'aura plus aucun sens. L'athéisme ne promet qu'un doute généralisé.

Où en sommes-nous ? La plupart de nos préjugés ont été démasqués, toutes nos croyances doivent être tenues pour fausses, mais nous ne savons plus sur quoi nous appuyer.

• *Le malin génie*

C'est pourquoi Descartes introduit un nouvel argument : l'athéisme laissait la raison à elle-même, sans la détruire positivement ; l'hypothèse d'un Dieu trompeur menaçait davantage la raison, mais était difficile à soutenir sérieusement. C'est du **diable** que nous avons maintenant besoin : « un certain mauvais génie, non moins rusé et trompeur que puissant, qui a employé toute son industrie à me tromper. » Dès ce moment, c'est positivement que disparaissent nos anciennes opinions, le monde extérieur est « illusion et tromperie », la défiance doit être, désormais, de règle.

Mais, précisément, si je me défie de tout et ne crois plus à rien, je ne serais pas trompé. « Je me considérerai moi-même comme n'ayant point de mains, point d'yeux, point de chair, point de sang, comme n'ayant aucuns sens, mais croyant faussement avoir toutes ces choses. » Devant l'absolu de l'illusion demeure donc une possibilité de vérité : je puis toujours me retrancher dans l'absolu de la défiance. Il n'y aura peut-être aucune vérité, mais il dépendra encore de *moi* que je ne sois pas trompé. De *moi*, c'est-à-dire de ma défiance, de ma « puissance de suspendre mon jugement ». Notre puissance d'affirmer ou de nier semble donc infinie, plus puissante que toute tromperie, aussi diabolique soit-elle. Le **pouvoir de nier** est le nerf de toute pensée, comme pouvoir de penser librement et de penser vrai.

• *L'esprit libre*

Ici, la pensée découvre une certitude plus haute que toute certitude rationnelle, celle de l'**esprit libre**. Au-dessus de nos croyances, au-dessus de notre entendement et de nos raisons de croire, qui valent exactement ce qu'elles valent, il y a une volonté libre qui peut toujours nier, qui ne se sent jamais tenue de céder à quelque raison que ce soit, par laquelle nous nous approprions nos affirmations comme nos négations, si bien que nous ne connaissons pas seulement, mais *jugeons*.

Il y a là une puissance qui résiste absolument, puissance de nier, révélée par la négation même : la volonté libre, qui est comme le fond de la pensée.

Deuxième Chapitre

MÉDITATION SECONDE

De la nature de l'esprit humain ;
et qu'il est plus aisé à connaître que le corps.

[1] à [4] Le terme du doute, l'indubitable

La pensée est maintenant devenue identique au doute
même et tient que plus rien n'est vrai. Un vide vertigineux
apparaît, comme dans « une eau très profonde » ; on ne
peut plus ni nager, ni marcher. A la recherche d'une certitude absolue, Descartes a renoncé à toutes les autres, mais,
jusqu'à présent, il n'a rien trouvé. Nous sommes ici en un
moment de désespoir : Descartes s'enfonce et sombre dans
le doute. Nous ne pouvons plus, cependant, revenir en
arrière, aux certitudes de la vie, et il n'y a pas d'autre issue
que de prolonger le doute en quête d'une certitude sur
laquelle reprendre pied. Une résolution méthodique doit
l'emporter sur le désespoir : « Je continuerai toujours dans
ce chemin, jusqu'à ce que j'aie rencontré quelque chose de
certain, ou du moins, si je ne puis autre chose, jusqu'à ce
que j'aie appris certainement qu'il n'y a rien au monde de
certain. » Le doute ne saurait s'arrêter dans le doute, c'est
une certitude qui y mettra fin. Une certitude positive ou
une certitude négative, mais on sera fixé, et on ne s'arrêtera
pas avant. Descartes ne doute donc pas qu'il y ait, quel
qu'il soit, un moyen d'arrêter le doute et de produire une
décision, et ce, par la puissance de la négation. La pensée,
parce qu'elle n'attend de certitude que d'elle-même, peut
poser une certitude négative, et c'est possible parce que la
certitude n'est pas chose, soumission à une rencontre, mais

pensée. Nous sommes au plus loin du scepticisme* : il y a toujours, pour une pensée, une possibilité de certitude absolue. Au contraire, lorsque les sceptiques posent qu'il n'y a rien de certain, ils ajoutent qu'ils n'en sont pas certains.

Le caractère méthodique du doute s'exprime donc en ceci qu'il conduit à un terme assuré. Là se trouve déjà tout le projet cartésien : si tout est lié selon un ordre, si on peut enchaîner des certitudes les unes aux autres, alors, en procédant par ordre, à partir d'une seule certitude, aussi restreinte soit-elle, si elle est vraiment inébranlable, on peut construire tout un savoir qui aura la même certitude. De même que *tous* les préjugés s'écroulaient avec leurs principes, de même *tout* le savoir sera assuré s'il repose sur des principes assurés. L'idée d'une science systématique et ordonnée ne fournit pas seulement la description d'un savoir certain possible, elle procure efficacement les règles de sa construction, elle est le *levier* qui permet de dresser tout le savoir, pourvu que soit donné un principe capable de tout soutenir : ainsi, Archimède* prétendait soulever le monde si on lui procurait un point d'appui. Il suffit donc que le doute révèle une seule vérité indubitable pour qu'un savoir certain soit possible.

C'est en se heurtant aux limites du doute, maintenant absolu (puisque toutes nos représentations sont frappées de nullité), que nous apercevrons cette certitude qui sera notre point archimédique.

Mais où est cette certitude ? Dieu ? La *Première Méditation* nous a fait voir que son existence était loin d'être certaine et que nous pouvions être nous-mêmes l'auteur de nos représentations. Notre doute semble bien n'avoir rien épargné. Et nous-mêmes, justement ? Le monde et toute extériorité supprimés, apparaît une autre instance à laquelle nous n'avions pas pris garde, et il faut nous tourner vers l'intériorité : « Moi donc à tout le moins ne suis-je point quelque chose ? »

Ce retournement de la pensée vers l'intériorité et vers sa propre subjectivité est exactement une conversion : avec le *moi*, la pensée n'a plus affaire à un objet comparable aux précédents et n'est plus une pensée du même type. C'est pourquoi le doute ne sera plus possible : on ne rencontre

pas, par hasard, un objet indubitable, on est dans l'indubitable quand on atteint le cœur de la certitude, du côté de
l'intériorité. *âme.*

Ce moment est difficile : le soi se met ici en retrait de
tous les objets, il s'offre comme un existant qui n'a pas disparu avec le monde. La pensée doit apprendre à se reconnaître et n'a pas l'allure d'un objet familier. Comment ce
moi peut-il être encore quelque chose ? « J'ai déjà nié que
j'eusse aucun sens ni aucun corps. » Même, confondant
mon être avec celui de mon corps, « ne me suis-je donc pas
aussi persuadé que je n'étais point ? ». C'est ce qui n'est
pas possible : ce *moi* que je persuade ainsi, il faut bien qu'il
soit, et qu'il soit autre que mon corps, dont j'ai affirmé
l'inexistence. Si j'ai tout supprimé, je n'ai pas pu supprimer l'être qui pense avoir tout supprimé, et cet être n'est
pas du monde, qui a été supprimé. En réduisant le monde à
la pensée, Descartes n'a pas réduit la pensée elle-même. La
certitude de la pensée est indubitable. On peut même rappeler l'hypothèse extrême du malin génie : même s'il y a
« un trompeur très puissant et très rusé », « il n'y a point
de doute que je suis, s'il me trompe ». De quelque façon
qu'on s'y prenne, le doute est impossible : « Qu'il me
trompe tant qu'il voudra, il ne saurait jamais faire que je
ne sois rien tant que je penserai être quelque chose. » Nous
tenons donc la certitude indubitable que nous cherchions :
« Cette proposition : *Je suis, j'existe,* est nécessairement
vraie, toutes les fois que je la prononce ou que je la conçois
en mon esprit. »

La restriction qui définit cette certitude la ramène aux
limites où elle vaut. Cette conclusion n'est pas celle d'un
raisonnement (où serait-il ? Que vaudrait-il si la rationalité
ne vaut pas ?), mais d'une expérience, où, au terme du
doute, la pensée éprouve l'absolue certitude de son existence, dans le moment où elle se découvre elle-même à elle-
même, par une intuition évidente. Cette évidence est donc
nécessairement **actuelle** : elle doit être vécue et ne vaut que
le temps où elle est vécue, puisque c'est ce vécu qui la constitue. C'est pourquoi, aussi, cette évidence ne vaut qu'à la
première personne : elle n'est évidente qu'à *moi* qui pense.
Cette vérité absolue est absolument subjective et cette certitude ne saurait valoir pour un autre.

[5] à [9] De la certitude d'ÊTRE à la certitude d'être PENSÉE

Le pire contresens, ici, serait de faire de cette vérité une vérité objective. Ce serait méconnaître entièrement ce qui, pour Descartes, caractérise le vrai. Le doute hyperbolique a supprimé toute objectivité, et l'objectivité est ce qui est extérieur au moi sujet*. Ce qui demeure quand l'extériorité est annulée, c'est l'intériorité, précisément parce qu'elle n'est en rien un objet. Cette proposition : *Je suis, j'existe,* tire sa valeur absolue non de ce qu'elle est **vraie** (qu'est-ce qu'une vérité qui s'efface quand je cesse d'y penser, qui n'est pas vraie indépendamment de moi ?), mais de ce qu'elle est **certaine**, première de nos certitudes, pour l'instant. C'est à cette certitude qu'il faudra rattacher toutes les autres, les certitudes objectives elles-mêmes. Mais cette certitude absolue est subjective en ceci que l'objectivité est suspendue au moment où nous l'éprouvons. Le doute n'est pas levé : nous sommes certains de notre existence, mais nous ne savons pas s'il y a un monde, ni même seulement des vérités. Cette certitude n'est donc vraie rigoureusement que dans notre pensée.

C'est pourquoi il importe d'en préciser le contenu. Je ne suis certainement que ce que je suis certain d'être, et parler de *moi* est imprécis : « Il faut que je prenne soigneusement garde de ne prendre pas imprudemment quelque autre chose pour moi. » Divers préjugés restent à éliminer concernant ce « que j'ai cru être ci-devant ».

• *La connaissance de soi n'est pas introspection*

A travers le questionnement répété : « Qui suis-je, moi qui, etc. ? », la méthode de Descartes n'est pas un seul instant introspective : examen empirique du soi par lui-même qui ne saurait rien apprendre de certain. Le soi s'assure de sa propre nature en poursuivant le doute systématique. Le soi exclut ce qui ne lui appartient pas nécessairement en éliminant les représentations de lui-même qu'il a comme des préjugés sur lui-même.

« J'ai pensé, écrit Descartes, que j'étais un homme. » Cela ne nous apprend pas grand-chose. Notre humanité est, au fond, ce qu'il y a de moins clair pour nous. C'est une notion générale qui, semble-t-il, ne correspond à rien de sensible (en disant de quelqu'un qu'il est homme, nous lui attribuons l'appartenance à un genre, cela ne se voit pas), ni d'intelligible, puisque la définition complète de cette notion nous entraînerait dans une suite infinie de définitions, de plus en plus obscures (si, comme la tradition scolastique*, on parle d'*animal raisonnable*, il faudra demander ce qu'est *animal*, ce qu'est *raisonnable*, etc.).

En revanche, avant le doute, nous nous sommes assez bien identifiés à notre corps. Telle est l'image que le soi a, spontanément, de lui-même, son principal préjugé sur ce qu'il est. Descartes peut donc observer cette conscience du corps propre : « un visage, des mains, des bras ». Chacun expérimente que tout cela est lui-même et que ce corps dont il est fait est accessible à l'inspection anatomique, matériel et extérieur (comme le « cadavre » que dissèquent les savants), machine faite non pas de roues et de ressorts, mais « d'os et de chair ». Cette conscience spontanée est encore celle d'une vie (se nourrir, marcher, sentir, penser) rapportée à une âme, puisque le corps, considéré extérieurement, semble inerte. Selon cette connaissance, le corps semble bien mieux connu que l'âme : on sait le définir par ses qualités* premières (extension et impénétrabilité) comme par ses qualités secondes ou sensibles, on dispose des rudiments d'une mécanique (les corps sont mus, pourvu qu'un autre corps, moteur, agisse à leur contact ; toute masse semble immobile par elle-même et tendre au repos dès qu'on cesse de la pousser). Enfin, nous attribuons à l'âme l'activité qui fait la vie, malgré quelques exceptions déconcertantes (les automates, en général, et les machines). Au contraire, nous ne parvenons pas, par notre expérience sensible, à concevoir l'âme. Nous l'*imaginons*, lui prêtant, confusément, des caractères réservés aux corps (« un vent, une flamme, un air très délié »)[1].

1. On remarquera qu'en décrivant ainsi la représentation spontanée que chacun a de soi et, plus généralement, des corps matériels et de l'âme, on retrouve la conception scolastique* et aristotélicienne : il est question, comme chez Aristote, d'une âme nutritive, locomotrice, sensitive et intellectuelle (voir le *Traité de l'âme*). La mécanique est celle, prégaliléenne, de la *Physique*, sans principe d'inertie, supposant un moteur au contact du mû, et la tendance des corps au repos. De fait, la physique d'Aristote est bien la conceptualisation de l'expérience quotidienne, avec laquelle rompt la science moderne. Toutes ces conceptions apparaissent donc ici comme le développement de nos préjugés les plus enracinés.

• *Le moi n'est pas son corps*

Il faut donc maintenant savoir, dans cette image de nous-mêmes esquissée à partir de nos anciennes opinions, ce qui résiste au doute et constitue le noyau irréductible du moi. On fera réintervenir le malin génie.

Il est clair, d'abord, que si aucun corps n'existe, je n'ai pas non plus de corps. Le moi que je suis certainement en est donc certainement distinct, puisque je peux penser *je suis, j'existe,* même si je pense que mon corps n'existe pas. Je ne suis pas mon corps.

Suis-je donc âme ? Or, l'âme, du moins selon la représentation spontanée que nous en avons, n'est nullement inaccessible au doute. Le moi certain ne coïncide pas avec la définition traditionnelle de l'âme. Se nourrir, marcher, sentir sont choses que nous avons rapportées à l'âme : il faut pourtant un corps pour qu'elles soient possibles ! Au terme du doute radical, il apparaît que toutes ces représentations ne tiennent pas et que, de tous les attributs traditionnels de l'âme, seule la pensée m'appartient : « elle seule ne peut être détachée de moi. » On revient, exclusivement, à la certitude du « *je suis, j'existe* » : l'existence dont je suis certain, qui est *mon* existence, est celle de ma pensée, le temps qu'elle pense. « Je ne suis donc, précisément parlant, qu'une chose qui pense. » « Précisément parlant », car je suis *peut-être* d'autres choses (corps, homme, par exemple), mais la pensée est la seule chose qui me puisse être attribuée *clairement*. Le moi pensant est le seul moi qui ne soit pas annulé par le doute radical ; il est donc ce qu'il y a de radical dans le moi.

• *Qu'est-ce qu'une chose qui pense ?*

Ici se trouve le foyer des *Méditations*. Le moi pensant prend connaissance de lui-même, et, accoutumé au sensible, éprouve, devant son être véritable, le désarroi de l'inconnu : « un esprit, un entendement, une raison », voilà « des termes, dit Descartes, dont la signification m'était auparavant inconnue ». Il n'est pas aisé de comprendre comment la chose la plus certaine peut être si peu de chose : « une chose qui pense ». Le questionnement se fait pressant : « Mais quelle chose ? », « et quoi davantage ? », « j'exciterai mon imagination* pour chercher si je ne suis point encore quelque chose de plus. » Mais la recherche paraît vaine : « Je ne suis point cet assemblage de membres que l'on appelle le corps humain ; je ne suis point [...] ; je ne suis point [...], [et] je trouve que je ne laisse pas d'être certain que je suis quelque chose. » Notre habitude de ne reconnaître d'existence qu'aux corps nous empêche de concevoir une substance qui ne soit pas corporelle. Nous demandons ce qu'est une chose pensante, et nous attendons qu'on nous présente une chose étendue. Un tel moi, qui voudrait saisir l'intériorité comme une extériorité, ne se comprendra jamais lui-même. Si je ne suis « rien de tout ce que je puis feindre et imaginer, puisque j'ai supposé que tout cela n'était rien », il est clair que, en cherchant de ce côté, je ne trouverai jamais : ce que je suis ne peut tomber sous le sens, région d'une existence incertaine, le moi ne peut être une chose sensible ; il est, par définition, **inimaginable**.

• *La pensée est-elle connaissable ?*

Le moi serait-il une de ces choses tenues précédemment pour inexistantes à cause de leur obscurité ? Un « air délié », « une vapeur », ou encore autre chose que je ne soupçonne pas ? Devrai-je attendre indéfiniment pour savoir de quelle substance je suis fait, attendre par exemple un savoir ultérieur ou une autre vie ? A ces absurdités, Descartes oppose un principe de clarté : « Je cherche quel je suis, moi que j'ai reconnu être. » Le moi pensant est essentiellement accessible à lui-même, car un moi caché ou impénétrable ne saurait être le moi dans lequel, justement, je me suis reconnu et saisi comme moi-même.

D'autre part, une réflexion sur la méthode enseigne que la connaissance du moi est possible, et dès ce moment. Cela résulte de l'ordre du savoir : si la certitude de mon existence est la première de mes certitudes et le principe de mon savoir ultérieur, la connaissance de ce que je suis ne saurait dépendre de quoi que ce soit d'autre.

C'est par une méprise que nous considérons le moi pensant comme mystérieux et sa connaissance comme difficile : nous voulons le connaître à la façon des choses sensibles, par l'imagination*, qui ne peut que nous représenter « la figure ou l'image d'une chose corporelle ». C'est là renverser l'ordre de la connaissance : c'est pour l'imagination*, en effet, que le corps est plus aisé à connaître que l'âme. Mais, selon l'ordre véritable, l'âme et le moi sont la première certitude et, donc, ce qui est le plus *facile* à connaître, ce par quoi on commence et qui ne requiert rien d'autre. Ce renversement du langage quotidien vient de ce que, dans l'ordre de la connaissance vulgaire, la certitude de l'existence des corps est première. Mais la connaissance vulgaire n'est pas une connaissance. Par suite, ce qui est difficile, ce n'est pas de connaître l'âme (qui est au contraire l'objet le plus simple à connaître, alors que toutes les autres connaissances sont complexes et dérivées, exigent le développement* du savoir), c'est de s'arracher à l'imagination*, et alors elle s'offrira, à notre entendement, avec évidence.

• *« Une chose qui pense » est une conscience*

Pour expliquer ce qu'est une « chose qui pense », il suffit de penser tout ce qui fait que je suis pensant, d'analyser le moi pensant en sa certitude : c'est donc « une chose qui doute, qui conçoit, qui affirme, qui nie, qui veut, qui ne veut pas, qui imagine aussi, et qui sent ». Richesse de la pensée, même lorsque le monde est anéanti, qui atteste l'épaisseur du moi : « Ce n'est pas peu si toutes ces choses appartiennent à ma nature. »

D'abord, je suis une chose qui doute, et « presque de tout ». Cette puissance du négatif, qui marque d'altérité tout ce qui n'est pas moi, fait le principe et la vie de toute pensée, ce qui fait du moi un esprit, libre et certain de lui-même. Mais le moi ne se limite pas à ce refus du monde, il est aussi une chose « qui conçoit ». Le moi qui conduit *Les Méditations* a des idées, raisonne et comprend. Cela demeure, qu'il y ait ou non des choses extérieures, et n'est pas atteint par le doute. Et ce moi, en donnant ou en refusant son adhésion à ses diverses représentations, *juge* : chose « qui affirme, qui nie » (il a nié l'existence du monde et a affirmé la sienne propre).

Outre cela, je suis, écrit Descartes, un moi « qui veux et désire d'en connaître davantage ». *Les Méditations* sont animées par le désir de trouver quelque chose « d'assuré dans les sciences ». Le moi peut donc se reconnaître comme désir. Même l'imagination* et la sensation appartiennent à la pensée : nous avons des sensations « comme par l'entremise des organes du corps ». Tout cela, en effet, fait partie de la pensée, et demeure même si nous n'avons pas de corps et s'il n'y a pas d'extériorité : même si ces imaginations et sensations sont fausses et ne correspondent à rien, il reste indubitable que je les éprouve, et, vraies ou fausses, elles ne sont pas différentes. Si je vois de la lumière, je vois de la lumière, qu'il y en ait ou non : par quoi la vision de la lumière est bel et bien une pensée. La sensation, y compris la sensation du corps, n'implique pas l'existence du corps ou des choses que l'on sent, mais seulement celle de la pensée[1].

Nous comprenons maintenant un peu mieux ce que nous sommes. « Une chose qui pense » est ce que nous pouvons appeler une **conscience**. C'est ce que le doute ne supprime pas : l'intériorité, par opposition à l'extériorité.

Ce que le doute supprime, dans la conscience, c'est sa croyance naturelle au monde, sa croyance en l'existence de choses indépendantes de ses représentations. La conscience se coupe du monde. Mais cette solitude n'est pas un désert : la conscience contient, intériorisée, mais identique, aussi riche et désirable, la totalité du monde extérieur. Seule la croyance en l'existence des choses extérieures est annulée par le doute, non leur présence dans la conscience. Il n'y a pas, pour la conscience, aucune différence entre une représentation objective et une représentation subjective : une sensation illusoire est une sensation réellement vécue et ressentie. Le vécu subjectif est, *comme tel,* indubitable.

- **Le solipsisme** *que rien n'existe en dehors de la pensée individuelle*

En doutant de l'extériorité, nous n'avons donc rien perdu. Mais c'est bien ce qui est inquiétant. Ce monde de la

---

1. On remarquera comment, ici, Descartes renverse entièrement le scepticisme : l'argument selon lequel la représentation est identique, qu'un objet extérieur lui corresponde ou non, est utilisé traditionnellement pour établir notre incapacité à saisir le vrai. Descartes le retourne pour en tirer la preuve que la représentation subjective, comme telle, antérieure à toute vérité d'objet, est irrécusable et, en elle-même, absolument certaine.

conscience subjective est celui auquel nous réduirait, si elle était vérifiée, l'hypothèse du malin génie. Nos représentations ne seraient pas changées, mais tout serait faux : nous aurions une astronomie, mais pas d'astres ; une géométrie, mais point d'espace ; tout notre savoir, toutes nos représentations seraient subjectifs. Nos représentations seraient les mêmes, mais n'auraient plus de sens, ne vaudraient que pour notre conscience.

L'inquiétant est donc que le moi ne puisse sortir de lui-même, soit comme enfermé dans ses représentations. Cette figure de la conscience, incapable d'atteindre une autre certitude que la sienne propre, s'appelle le **solipsisme***. Briser ce solipsisme va désormais être le souci de Descartes : comment lever le doute sans revenir à l'incertitude de nos préjugés, comment retrouver, démontré et non spontanément accepté, un monde faisant son poids d'extériorité ?

[10] à [18] C'est l'entendement qui nous fait connaître le plus clairement les choses

Même si nous commençons à comprendre plus clairement ce qu'est une chose qui pense, cette entreprise continue à nous paraître moins claire et moins facile que la connaissance des choses extérieures « qui tombent sous les sens ». Nous savons que la connaissance de l'âme est bien plus certaine que celle des corps extérieurs, et pourtant, cette partie de nous-mêmes « qui ne tombe point sous l'imagination* » nous paraît, décidément, fort lointaine. Notre esprit ne suit pas notre raisonnement, nous sommes certains sans être convaincus, l'évidence sensible fait obstacle à l'évidence rationnelle. Le génie de Descartes est de s'arrêter à ce problème, pourtant théoriquement réglé (voir [8]) : il faut détruire, une bonne fois, les prestiges de l'imagination*. Si l'on continue d'opposer, abstraitement, la certitude rationnelle à la certitude sensible, rien ne sera changé. Il faut, au contraire, « relâcher la bride » à l'imagination, puis « la retirer doucement et à propos » : c'est la certitude sensible elle-même qui doit découvrir sa fragilité et se récuser de son propre mouvement. Le doute cesse d'être provocateur ; on procédera naturellement, ici, au dépassement de la connaissance sensible et à l'abandon réel de nos préjugés.

L'analyse, avec le célèbre passage du *morceau de cire*, au lieu de tenir les choses extérieures pour inexistantes, s'installe parmi elles, pour suivre le cheminement qui va de l'imagination* à l'entendement et qui, concrètement, fait voir que l'esprit est plus aisé à connaître que le corps et que nous nous servons déjà de notre entendement lorsque nous croyons faire usage de nos sens.

• *Le morceau de cire*

A ce que nous croyons, ce sont les corps « que nous touchons et que nous voyons » qui nous sont le mieux connus. Non pas les « corps en général », ce qui est déjà une « notion » confuse à l'imagination*, mais ceux qui sont saisissables ici et maintenant, « en particulier ». C'est pourquoi l'analyse part de « ce morceau de cire », ici présent, que nous tenons, et non de la cire en général.

D'abord, il est sensible. Il a le charme des choses existantes, la saveur du miel, l'odeur des fleurs. Première approche de la cire, sensuelle plutôt que sensible. C'est ensuite qu'on retient des propriétés un peu plus tangibles et qui se rapportent à nos sens : couleur, figure, grandeur, pour les yeux ; consistance et froideur, pour le toucher ; sonorité, pour les oreilles. Nos cinq sens contribuent donc, ici, à la pleine saisie d'un objet.

Et pourtant, « cependant que je parle », dit Descartes, sans que je l'aie perdue de vue, si j'approche cette même cire du feu, voilà qu'elle perd presque toutes ses qualités sensibles. Fondue, cette cire n'a plus rien de ce qui permettait, juste auparavant, de la décrire si précisément : elle n'a plus ni le goût, ni l'odeur, ni l'aspect, ni la consistance, ni la sonorité qu'on croyait lui appartenir, être ses propriétés. Toutefois, elle n'a pas disparu, elle est là, c'est la même, c'est toujours *cette* cire. Tel est le problème qui permet à Descartes d'approfondir : cette cire maintenant en fusion n'a plus rien de commun avec la cire qu'on venait de tirer de la ruche, et pourtant c'est la même. Mais comment savons-nous que c'est la même ? Ses qualités sensibles ont disparu ou sont devenues méconnaissables. Si nous savons, donc, qu'il s'agit de la même cire, ce n'est sur la foi d'aucun de nos cinq sens. Nous pouvons proposer une explication et dire que la cire n'est pas définie par ses propriétés qui ont disparu, mais qu'elle est « seulement un corps qui un peu auparavant (nous) paraissait sous ces formes, et qui maintenant se fait remarquer sous d'autres ». La cire comme telle est une **substance***, qui ne change pas, recouverte par des propriétés sensibles qui changent, et ne sont pas la cire substantielle. Mais qu'est-ce qu'un tel *corps* ? Le saisissons-nous par l'imagination* ? « Éloignant toutes les choses qui n'appartiennent point à la cire, voyons ce qui reste. » Ce qui reste, dit Descartes, est « quelque chose d'étendu, de flexible et de muable ». C'est sous cet aspect que nous reconnaissons que c'est la même cire que précédemment. « Or qu'est-ce que cela : flexible et muable ? » A y bien réfléchir, ces deux propriétés ne tombent sous aucun de nos sens. La flexibilité — comme l'être muable — est un concept, car l'imagination* n'épuise pas la totalité des changements qu'elle implique ; jamais nous ne voyons la flexibilité, qui n'est pas une qualité sensible, mais bien ce dans quoi on *pense* les modifications de figure de la cire. « Cette conception que j'ai de la cire ne s'accomplit pas par la faculté d'imaginer. »

Cela est encore plus clair de l'extension. Car nous ne pouvons que concevoir les variations de figure et de volume dont est capable la cire, et ne voir que des figures singulières.

• C'est l'entendement qui connaît la cire

Il n'y a pas deux cires, une pour les sens et une pour l'entendement, puisqu'on a vu que les sens ne saisissaient rien de cette cire, ne pouvaient l'identifier. Ainsi, à bien y prendre garde, « sa perception, ou bien l'action par laquelle on l'aperçoit, n'est point une vision, ni un attouchement, ni une imagination, et ne l'a jamais été ». Certes, nous voyons et sentons les qualités sensibles que nous *prêtons* à cette cire, mais l'action par laquelle la vraie cire est atteinte est « seulement une inspection de l'esprit ». C'est par l'entendement, non par les sens, que nous percevons ce qui est. Percevoir, et non concevoir, car il s'agit des corps, des choses étendues elles-mêmes, non de leur notion : il s'agit de *ce* morceau de cire, ici présent. Ce n'est pas par nos sensations que nous sommes en rapport avec les objets, telle est l'étonnante conclusion de Descartes.

Cette conclusion va contre les plus anciens de nos préjugés, et contre le langage lui-même : « Nous disons que nous voyons la même cire, si on nous la présente, et non pas que nous jugeons que c'est la même, de ce qu'elle a même couleur et même figure. » Souvent, nous disons *voir* et croyons *voir*, quand il ne peut faire de doute que nous ne voyons pas. Ainsi, à propos de ces « hommes qui passent dans la rue », nous dirons, comme tout le monde, que nous les *voyons*. Pourtant, regardons mieux : de cette fenêtre, dans cette rue étroite, nous ne *voyons* aucun homme, mais seulement « des chapeaux et des manteaux », pas même le visage. Percevoir n'est pas voir, mais comprendre ce que nous voyons : « Je comprends, par la seule puissance de juger qui réside en mon esprit, ce que je croyais voir de mes yeux. » Le langage ne doit pas arrêter : « J'aime mieux passer outre. »

Il faut remarquer, aussi, qu'un être qui n'aurait que des sens et point de pensée, comme l'animal, ne pourrait éprouver que des sensations. Seul un « esprit humain », c'est-à-dire une pensée, peut en quelque sorte déshabiller la substance de son manteau de qualités sensibles et la saisir « toute nue », pour ce qu'elle est réellement : juger, c'est dépasser la sensation pour s'emparer de la chose qu'elle recouvre. Les animaux ne perçoivent pas le réel, car percevoir c'est identifier des objets, ce que seule peut une pensée[1].

• *La conscience des choses est d'abord conscience de soi*

Partis de la plus évidente des choses matérielles, ce morceau de cire, nous voici donc revenus à la pensée et à nous-mêmes. L'ordre des évidences s'est renversé ; nous savons que c'est dans la pensée que la cire nous est le plus clairement et distinctement connue.

Mais ne nous trompons pas de recherche : nous avons gagné en clarté en passant de la chose imaginée à la chose pensée, mais nous devons passer à la chose pensante. C'est

1. Observons, en passant, qu'à travers cette analyse Descartes a réduit l'objet sensible aux déterminations de l'étendue, objet de la géométrie : on comprend comment cette réduction, qui écarte les qualités sensibles, autorise une mathématisation de l'étendue et rend compte du développement de la physique à l'époque classique.

notre pensée que nous saisissons le plus clairement : de ce
que « je vois » cette cire, le plus certain n'est pas que cette
cire existe (le doute n'est pas levé), mais que moi, qui pense
voir cette cire, j'existe (ce qui est indubitable). La conscience des choses est d'abord, et tout d'abord, conscience
de soi.

Ce que prouve toute représentation d'un corps, c'est,
« plus facilement et plus évidemment », que je me représente quelque chose. La connaissance de soi est plus facile
que celle des choses extérieures et la précède. De plus,
l'esprit peut se saisir lui-même directement et n'est pas
recouvert de qualités sensibles qui le voilent. Rien n'est
aussi présent à la conscience que la conscience elle-même.
La pensée n'est rien d'autre que de la pensée, du sens,
puisqu'elle n'a pas de matérialité. Le corps m'est moins
connu parce qu'il m'est extérieur et qu'il n'est pas une idée
qu'il suffirait de penser pour comprendre et connaître.

Troisième Chapitre

MÉDITATION TROISIÈME

De Dieu ; qu'il existe.

[1] à [5] Examen du moi pensant par lui-même. Inventaire des connaissances certaines qu'il possède

Sachant désormais qu'il est aisé de se connaître soi-même, le moi pensant peut entreprendre de se « rendre peu à peu plus connu et plus familier » à lui-même. Il se rendra familier à lui-même en coupant tous les liens qui le rattachent au monde, en accomplissant le doute comme retour sur soi. De là ce début, solennel et étonnant : « Je fermerai maintenant les yeux, je boucherai mes oreilles, je détournerai tous mes sens... » Il faut refuser les sollicitations du monde extérieur, et se retirer au cœur de la conscience, par le refus de toute altérité. Il faut demeurer seul à seul avec soi-même, pour atteindre le soi indubitable, non pas donné spontanément, mais constitué par le doute, tel qu'il a été dégagé dans la méditation précédente. Au reste, celle-ci n'est ni rappelée, ni citée, mais retrouvée : l'expérience du retour sur soi conduit au même résultat que le doute et réactualise la certitude de soi du moi pensant. Réactualisation nécessaire puisque la certitude de soi exige la présence effective à soi. Descartes renouvelle par là la grande tradition, tant socratique qu'augustinienne, de l'exercice spirituel du retour sur soi.

Le projet d'édifier une science certaine appelle l'examen du contenu de la certitude de soi, afin de voir si cette certitude ne nous assure pas aussi d'autre chose. Si la conscience de soi était certaine d'autres choses que d'elle-même, le solipsisme*, évoqué à la fin de la méditation précédente, pourrait être brisé. L'analyse du savoir du soi va se déployer comme un examen de ses représentations et idées, de la vérité dont elles sont susceptibles et des moyens qui permettent de s'en assurer.

D'abord, la réflexion sur notre première certitude nous fournit un instrument méthodologique essentiel, car cette première certitude, nous ne l'avions point remarqué au début, nous donne **un critère de la certitude** qui, s'il est certain, doit valoir pour toutes les certitudes et sera donc universel. Nous avons déjà l'outil d'une science capable de s'étendre. « Je suis certain que je suis une chose qui pense » : voilà une certitude *actuelle*, qui ne vaut que pour moi qui pense, au moment où je pense, Descartes a insisté. Mais : « Ne sais-je donc pas aussi ce qui est requis pour me rendre certain de quelque chose ? », demande maintenant Descartes. Une fois réfléchie dans l'entendement, la certitude ponctuelle et isolée de notre existence devient **le modèle de toute certitude**, en ce qu'on y a découvert, certainement, les caractères de toute certitude, caractères étonnamment simples : « il ne s'y rencontre rien qu'une claire et distincte perception de ce que je connais ». Désormais, l'indubitable cesse d'être éprouvé ; c'est une connaissance, parce qu'il est compris[1].

---

1. Descartes saisit aussitôt les limites *métaphysiques* de ce critère. Une telle perception « ne serait pas suffisante, écrit-il, pour m'assurer (que ma connaissance) est vraie, s'il pouvait jamais arriver qu'une chose que je concevrais ainsi clairement et distinctement se trouvât fausse ». A la différence du doute systématique, la clarté et la distinction d'une connaissance ne sauraient garantir absolument qu'elle est vraie et que son objet existe, car ce sont des caractères internes à la connaissance certaine, qui définissent, incontestablement, ce qui est vrai *pour un entendement*, mais nullement ce qui est vrai en un sens absolu ou *métaphysique*. Une telle vérité n'est que rationnellement certaine et ne vaut que ce que vaut notre raison. « Il nous est toujours permis de nous empêcher d'admettre une vérité évidente, pourvu seulement que nous pensions que c'est un bien de témoigner par là de notre libre arbitre » (*Lettre à Mesland* du 9 février 1645).

Toutefois, sachant cela, nous pouvons entièrement nous fier à ce critère, puisque, le doute n'étant pas levé, nos yeux et nos sens étant obturés, ce que nous examinons est le savoir d'une conscience subjective, qui demeurera le même, qu'il soit *métaphysiquement* vrai ou faux. Nous sommes obligés de raisonner avec l'entendement que nous avons, quelle que soit sa valeur, et dans une conscience qui est la nôtre.

Nous pouvons donc admettre, dans ses limites, le critère qu'on a dégagé : « Il me semble que déjà je puis établir pour règle générale que toutes les choses que nous concevons fort clairement et fort distinctement sont toutes vraies. »

• Simplicité de l'évidence

Il faut insister sur l'extrême simplicité de ce critère de la vérité : « Dans cette première connaissance, il ne se rencontre rien qu'une claire et distincte perception de ce que je connais. » Le vrai n'a besoin de rien d'autre pour se signaler, et une telle perception, claire et distincte, est dite **évidente**. Ici, rien de technique ou de compliqué ; le vrai, comme perception évidente, va de soi.

Pour Descartes, il n'y a pas de *problème de la connaissance*, car connaître consiste simplement à voir. La science ne réclame aucune stratégie particulière et les choses ne nous tendent aucun piège. La connaissance n'est pas une entreprise technique : il suffit de s'avancer vers les objets, qui sont donnés, et qu'il faut seulement regarder (l'idée d'une construction de son objet par la science, comme chez Kant ou Bachelard, est entièrement étrangère à Descartes). Mais il faut *bien* regarder. Si l'acte de connaître est passif, il exige cependant, de la part du regard, *l'attention,* qui consiste à se rendre présent à l'objet. La connaissance est donc toujours une **intuition**, par laquelle, dans l'évidence, l'objet est là, en personne et actuellement, comme dans la certitude que le moi pensant a de lui-même.

Mais le regard n'est qu'une métaphore. L'évidence n'est pas d'abord évidence sensible, mais évidence d'entendement, où l'esprit se consacre à son objet, selon une **intuition intellectuelle.**

• Clarté et distinction

Ces deux notions explicitent les conditions de l'évidence. « J'appelle *claire* [la connaissance] qui est présente et manifeste à un esprit attentif ; de même que nous disons voir clairement les objets lorsque étant présents à nos yeux ils agissent assez fort sur eux et qu'ils sont disposés à les regarder ; et *distincte*, celle qui est tellement précise et différente de toutes les autres qu'elle ne comprend en soi que ce qui paraît manifestement à celui qui la consière comme il faut. » Telle est la définition que Descartes propose dans *Les Principes de la philosophie* (1re partie, art. 45).

La **clarté**, dont le contraire est l'**obscurité**, est donc l'évidence pure et simple. Elle n'implique que la présence de l'objet et l'attention de l'esprit.

La **distinction**, dont le contraire est la **confusion**, précise les conditions nécessaires pour qu'une représentation soit parfaitement claire. Une représentation dont on distingue et identifie tous les éléments est entièrement claire et peut recevoir notre assentiment.

La distinction se réduit donc à la clarté : une idée distincte est toujours claire, mais non l'inverse. Une idée claire non entièrement distinguée est confuse, ce qui ne l'empêche pas d'être « précise », si l'on distingue clairement en elle ce qui est connu et ce qui ne l'est pas. Si je souffre d'une blessure, j'ai une conscience très claire de la douleur, mais je peux tout ignorer de la nature de cette douleur en tant qu'elle affecte mon corps (voir *Les Principes de la philosophie,* 1re partie, art. 46).

Armés du critère de l'évidence, nous pouvons maintenant reconsidérer nos anciennes connaissances. Nous verrons alors se redistribuer correctement nos certitudes et nos raisons d'y croire. Celles qui n'étaient ni claires ni distinctes vacilleront, mais jamais nous n'aurons à renoncer à une connaissance réellement évidente. Si nous avons, dans notre représentation, les images d'un ciel, d'une terre et de beaucoup d'autres choses, rien ne nous indique clairement que ces images sont celles de choses extérieures. Ce sont d'apparentes évidences, qui ne résistent pas au critère de la clarté et de la distinction.

Il n'en va pas de même pour nos connaissances rationnelles. Ni l'arithmétique, ni la géométrie ne tirent leur vérité d'une conformité à des choses extérieures et elles contiennent des propositions que nous concevons « assez clairement » pour avoir la certitude qu'elles sont vraies. Mais, en toute rigueur, pas toutes : seulement ce qui est

« fort simple et fort facile ». N'est évident, en effet, que ce qui est connu par *intuition*, mais non pas ce qui est connu par des démonstrations qui outrepassent l'évidence actuelle et ne peuvent être saisies dans un regard simple, c'est-à-dire ce qui est connu par *déduction*. C'est pourquoi Descartes prend l'exemple de la somme de deux et de trois : cela se voit et nul ne peut s'y tromper, ce qui ne saurait être le cas d'une opération longue et complexe (sur la *déduction* et l'*intuition*, on pourra se reporter aux *Règles pour la direction de l'esprit*, règle III).

• *Peut-on douter des vérités rationnelles évidentes ?*

Nous ne pouvons oublier, cependant, que, dans la *Première Méditation*, ces certitudes ont donné prise au doute, lorsque nous avons envisagé l'hypothèse d'un dieu trompeur ou d'un malin génie. Mais les choses ont changé. Désormais, nous reconstruisons nos certitudes au lieu de les détruire : nous remettons les pommes dans le panier, où nous avons déjà deux fruits parfaitement sains (une évidence : notre existence ; et un critère de l'évidence : la clarté et la distinction). Ainsi, maintenant, nous savons clairement que les vérités mathématiques élémentaires sont des vérités, ce dont nous n'étions pas conscients dans la *Première Méditation*. Le résultat est que notre esprit est partagé entre la conscience de la toute-puissance arbitraire de Dieu et la certitude mathématique vécue. L'évidence ne vaut, ne l'oublions pas, que par la présence actuelle à l'esprit de son contenu. Sa vérité n'est donc certaine que le temps que dure l'évidence, qui n'est point garantie métaphysiquement et n'offre en rien une vérité éternelle. La représentation d'un Dieu tout-puissant fait donc voir que les certitudes rationnelles sont relatives, d'autant plus que cette représentation expulse celle de leur évidence actuelle. Mais, à l'inverse, elles redeviennent évidentes si on se tourne vers elles. Cela est très important : **au moins le temps de l'évidence, rien ne peut valoir contre sa certitude, pas même l'hypothèse d'un Dieu tout-puissant.** Les évidences rationnelles sont donc irrécusables du seul fait qu'elles sont claires et distinctes, qu'il y ait ou non un Dieu trompeur, tant qu'elles demeurent actuellement vécues.

Lorsque nous cessons de porter notre attention sur une vérité, nous cessons d'en être absolument certains. Mais quelle raison positive aurions-nous de croire que les vérités changent dès que nous tournons le dos ? Pourquoi rappeler l'hypothèse d'un dieu trompeur ? Raison « bien légère » de douter. Comment ce qui n'est qu'une opinion, à propos d'un Dieu dont nous n'avons, pour l'instant, aucune idée claire, pourrait triompher d'une évidence, même passée ?

Une telle raison de douter est « métaphysique », et donc « légère » en ce sens que, ordinairement, nous n'avons pas besoin de la considérer : nous prenons en compte cette raison de douter parce que notre recherche est métaphysique et vise une certitude absolue, bien au-dessus de ce qu'on peut demander en mathématiques. Descartes veut établir « quelque chose de ferme et de constant dans les sciences » : nous ne pouvons donc nous contenter de vérités qui ne seraient qu'*actuellement* certaines, mais nous exigeons des *vérités éternelles.* Il faut que la somme de deux et de trois demeure égale à cinq, même lorsque nous ne faisons plus attention. Nous l'admettons, mais cela ne nous est pas connu clairement et une raison de douter subsiste : si nous pouvons vérifier cette somme quand il nous plaît, qui nous dit qu'un jour nous ne trouverons pas un autre résultat ?

Pour toutes ces raisons, il importe de savoir si Dieu peut être trompeur ou non et, pour respecter l'ordre, de savoir, auparavant, si seulement Il existe et ce qu'Il est. « Sans la connaissance de ces deux vérités, je ne vois pas que je puisse jamais être certain d'aucune chose. »

Toutefois, l'urgence de cette question ne saurait justifier d'interrompre l'ordre de la recherche. Aller trop vite à une connaissance de Dieu qui ne serait pas fondée ne nous ferait rien gagner. La première chose à faire est donc de continuer l'analyse de nos représentations en fonction « de la vérité ou de l'erreur » qu'elles recèlent. Cela, nous pouvons le faire avec le critère de la clarté et de la distinction, alors que nous ne pouvons pas, sans mystique ou révélation, atteindre tout de suite à l'essence de Dieu.

[6] à [9] Il y a en nous trois sortes de pensées, des *idées*, des *volontés* et des *jugements*

« Proprement », en tant qu'elles se distinguent de nos *volontés* et de nos *jugements*, nos *idées* sont caractérisées par leur aspect représentatif. Même si rien ne nous permet d'affirmer que les choses qu'elles représentent existent ou leur ressemblent, elles se donnent comme des représentations de quelque chose. Les idées sont des « images », ou encore des « tableaux », Descartes le répète, mais cela ne signifie pas que les idées relèvent de l'imagination* : toute pensée en forme de représentation est une idée, qu'elle soit conçue ou imaginée, intellectuelle ou sensible. Une idée se reconnaît à ceci qu'elle est l'idée de quelque chose, quelle que soit cette chose, existante ou non, possible ou non.

Nos autres pensées s'en distinguent en ce qu'elles contiennent, outre l'élément représentatif, « quelques autres formes* », par quoi elles sont des **actions** ou des **affections**, c'est-à-dire des façons de penser qui modifient l'idée comme telle. Si cette façon de penser est un désir ou une crainte, on a affaire à une *volonté* (ou, s'il s'agit d'une représentation subie et ne dépendant pas de la volonté, une *affection*) ; si cette façon de penser est une affirmation ou une négation, on a affaire à un *jugement*.

• *Les idées, comme telles, ne peuvent être fausses*

Dès ce moment, il apparaît qu'aucune idée ne peut être fausse. Dès qu'une pensée est prise pour ce qu'elle est, elle l'est, et le vrai ou le faux, ici, n'ont aucun sens. Toute pensée est une vraie pensée. La conscience se déploie à un niveau si radical qu'elle ne connaît pas le partage du vrai et du faux, et c'est pourquoi on y a trouvé l'indubitable.

Ont ce caractère d'antériorité à l'opposition du vrai et du faux toutes les pensées qui ne sont rien d'autre que des représentations, donc les *idées*. Les *volontés* ou *affections* ont également ce caractère, et sont de toute façon ce qu'elles sont, vécues indubitablement dans la conscience : un désir ou une crainte sont toujours un vrai désir ou une vraie crainte.

• *Seuls les jugements peuvent être vrais ou faux*

Seuls les *jugements* peuvent être vrais ou faux parce que, en affirmant ou en niant une idée, ils la mettent à distance du simple vécu et ajoutent à son contenu même en effectuant l'apparence représentative : affirmer ou nier transforme un vécu de conscience en une croyance qui fait dépendre la validité de la représentation d'une autre instance que la conscience. Si nous ne jugeons pas, nous ne risquons pas de nous tromper, mais il n'y aura dans notre conscience qu'un tissu subjectif d'états vécus. Juger, c'est donc déjà briser l'isolement de la conscience, vouloir, au risque de l'erreur, une vérité qui ne dépende pas seulement de nous. Juger, c'est juger de la ressemblance à des choses dont sont capables les images de choses qui sont en nous ; c'est toujours juger de la vérité, puisque la vérité représentative est cette conformité de l'idée, dans la conscience, avec un objet, à l'extérieur.

Ainsi, le jugement se réserve exclusivement le droit d'affirmer et de nier, et, par là, condamne l'idée au mutisme. Une idée ne peut pas porter en elle la marque de sa vérité, car la vérité, plutôt que le fait de la ressemblance avec un objet, est dans l'intention de l'affirmer. Une idée qui s'affirmerait elle-même serait un préjugé, car la ressemblance du portrait au modèle suppose une volonté qui rapporte le portrait au modèle. Le moi refuse de considérer ce qui, dans une idée, fait signe avant tout jugement, cette puissance obscure qui nous fait croire que les idées doivent ressembler à des choses extérieures. L'idée n'est un tableau muet que pour qui a refusé de l'écouter, ne reconnaissant d'autre certitude que la sienne propre.

[10] à [18] Pour savoir s'il y a des choses extérieures à nos idées, et leur ressemblant, il faut étudier l'origine de nos idées

Ayant recueilli les certitudes intérieures qui ont résisté, la conscience est maintenant à la recherche d'une objectivité pour sa science. Il faut savoir si, hors de nous, il y a des choses qui existent, ce qui sera le cas si l'on peut établir que nous avons des idées qui ne viennent pas de nous.

Spontanément, nous distinguons trois sortes d'idées d'après ce que nous croyons être leur origine : les idées « nées avec moi », ou *idées innées* ; les idées « étrangères et venues du dehors », ou *idées adventices* ; les idées « faites et inventées par moi », ou *idées factices*. Quelle que soit sa valeur, ce partage existe dans notre conscience et correspond à la représentation que nous avons de l'origine de nos idées. Nous avons toujours cru que notre entendement, avec les vérités rationnelles qu'il nous représente, était attaché à notre nature. Si nous raisonnons comme nous le faisons, c'est, nous semble-t-il, parce que notre entendement est ainsi fait. Mais nous croyons aussi que certaines de nos idées procèdent « de quelques choses qui existent », donc viennent de l'extérieur. C'est ce que nous croyons dans le cas de la plupart de nos sensations. Ainsi, nous distinguons les idées innées des idées adventices, qui nous viennent par nos sens. Enfin, lorsque nous composons des représentations simples et imaginons sirènes ou hippogriffes, comme les poètes, nous y voyons « fictions et inventions » et tenons ces idées pour *factices*, c'est-à-dire faites par nous, sans que rien n'y corresponde hors de nous, sans non plus qu'elles expriment une essence nécessaire en nous.

Il reste que cette classification, spontanée, est tout à fait douteuse et ne repose sur rien de clair. Toutes nos idées, y compris celles que nous croyons innées, pourraient bien nous venir du dehors, comme le croient, par exemple, les empiristes qui donnent une origine sensible même à nos représentations rationnelles. Il n'y aurait rien d'absurde, non plus, à tenir toutes nos idées pour innées, ou encore factices.

• *La croyance à l'extériorité*

Ce que nous cherchons, c'est un moyen de rompre l'isolement de la conscience, de nous assurer qu'il existe d'autres réalités que nous. C'est pourquoi il faut analyser plus particulièrement les idées adventices et évaluer les raisons qui nous « obligent à les croire semblables » à des objets existants. Il s'agit d'analyser la croyance à l'extériorité comme telle, avec ses propres raisons.

On s'aperçoit alors que ces raisons, loin de reposer sur des notions claires et distinctes, ne résistent pas.

Lorsque nous disons de la croyance aux choses extérieures que cela nous est « enseigné par la nature », certes, nous n'avons pas tort, car il est incontestable que nous sommes portés à cette croyance par « une certaine inclination » dont l'existence est indiscutable, comme fait de conscience. Mais cette inclination n'est pas « une lumière naturelle », elle est obscure et ne nous fait rien connaître. C'est une tendance à croire, ce n'est pas une évidence. Seule l'évidence vaut irrésistiblement, parce qu'elle comporte clarté et distinction, alors que nos inclinations naturelles, nos tendances, nos instincts sont des puissances obscures qui n'ont aucun titre à nous faire connaître le vrai. Le fait que nous soyons portés à croire qu'il y a des choses extérieures ne saurait donc prouver qu'il y en a en effet.

La seconde raison avancée par la conscience, « que ces idées doivent venir d'ailleurs, puisqu'elles ne dépendent pas de [la] volonté », n'est guère plus convaincante. Bien sûr, nous traduisons comme une extériorité le fait que nous ne pouvons pas produire et modifier nos sensations à notre gré, qu'il ne dépend pas de nous d'avoir froid ou chaud. Mais d'autres explications sont possibles : pourquoi serions-nous maîtres de nos représentations ? Pourquoi leur organisation dépendrait-elle de la volonté ? Beaucoup de choses en nous se produisent contre notre volonté sans que, pour autant, nous les jugions extérieures. Nos rêves, chaque nuit, sont là pour le prouver. Apparu dès la *Première Méditation*, cet argument a gardé toute sa force contre la certitude sensible[1].

Notre croyance au monde ne peut reposer sur le fait que nous avons des idées qui nous semblent adventices. Peut-être avons-nous raison de croire que nos images des choses sont imprimées en nous par des choses extérieures, mais nous n'en savons rien et cette croyance n'est qu'« une aveugle et téméraire impulsion ».

Si nous renonçons à nous appuyer sur nos impressions sensibles, il reste une seule voie pour briser le solipsisme* : examiner si nous avons quelque idée dont nous ne puis-

1. A quoi Descartes ajoute que, même si nos sensations sont causées par des objets extérieurs, cela ne garantit pas « qu'elles doivent leur être semblables ». Le soleil ne nous apparaît point tel que l'astronomie le décrit et, très certainement, c'est l'astronomie qui a raison.

sions, indubitablement, être la cause. Alors, une cause extérieure à nous serait requise et nous pourrions affirmer son existence. Toutefois, cet argument exige une élucidation de la notion de causalité et une analyse de la formation même de nos idées et des conditions qui les rendent possibles. Problème compliqué et abstrait, analyse difficile.

• *La réalité des idées*

D'abord, les idées ont une **réalité matérielle**, en tant que « ce sont certaines façons de penser », toutes découpées dans la même étoffe, la pensée, dont elles « procèdent ». A ce titre, elles relèvent toutes de notre puissance de penser.

Mais les idées ont aussi une **réalité formelle**, par quoi elles se distinguent les unes des autres, si l'on prête attention à leur forme*, qui les caractérise en tant qu'elles représentent des choses et sont « certaines façons de penser » déterminées : c'est par sa réalité formelle que l'idée du cheval se distingue de celle du soleil et du triangle, qui sont toutes, par leur réalité matérielle, des représentations de ma conscience.

Ensuite, en considérant la réalité formelle des idées, il convient d'évaluer le degré de réalité auquel elles « participent par représentation » : l'idée d'une substance* se distingue d'une idée de mode* en ceci que ces deux réalités n'ont pas le même degré « d'être ou de perfection ». Le corps, par exemple, est une *substance*, en ceci qu'il peut être pensé par soi, alors que la figure, qui ne se conçoit pas sans un corps, n'est qu'un *mode*, et la couleur, qui ne se conçoit pas sans la figure, un *accident*.

On peut donc distinguer et hiérarchiser les idées, prises formellement (en tant qu'elles représentent quelque chose), par ce que Descartes appelle leur « **réalité objective** », c'est-à-dire la réalité de l'objet de l'idée, en tant que, par représentation, elle se trouve dans l'idée. Ainsi, l'idée d'une substance a plus de « réalité objective » que l'idée d'un mode, autrement dit, représente une réalité mieux accomplie et plus parfaite. A plus forte raison, l'idée d'une substance infinie, ayant toutes les propriétés, comme l'idée de Dieu, aura une réalité objective encore plus grande.

Il convient de préciser qu'ici, et tant que le doute ne sera pas levé, en parlant de « représentation », Descartes considère exclusivement le caractère représentatif de l'idée, qui est indubitable, sans supposer cependant l'existence de l'objet de la représentation, existence dont il cherche, précisément, à s'assurer.

• *La causalité dans les idées*

Cela étant, toute réalité requiert une cause suffisante. Nous le savons par « la lumière naturelle ». Le principe de causalité est une de nos vérités rationnelles les plus claires, et nous savons « qu'il doit y avoir pour le moins autant de réalité dans la cause efficiente et totale que dans son effet ». Cela nous livre une loi de causalité (« le néant ne saurait produire aucune chose ») et ses conditions d'application, en faisant voir les cas où aucune causalité n'est possible (« ce qui est plus parfait [...] ne peut être une suite et une dépendance du moins parfait »). La causalité descend : qui peut le plus, peut le moins, jamais l'inverse[1].

Ce principe, rappelle donc Descartes, ne vaut pas seulement dans « cette réalité que les philosophes appellent actuelle ou formelle », c'est-à-dire existant effectivement, « mais aussi dans les idées », considérées quant à leur « réalité objective », donc en tant qu'elles représentent l'être.

Descartes explique cela par un exemple. La cause de l'existence d'une pierre (considérée comme une réalité en acte : une pierre n'est pas une idée) doit posséder « tout ce qui entre en la composition de la pierre », « formellement » (c'est-à-dire, explique Descartes, « qui contienne en soi les mêmes choses ») ou « éminemment » (c'est-à-

_____

1. Par ces considérations, Descartes ne renouvelle guère la philosophie. On s'étonne même de rencontrer ces notions et ce vocabulaire dans le discours de celui qui annonçait, au début de cette méditation, qu'il se bouchait désormais les oreilles. Descartes semble ici revenir à la tradition scolastique*. En fait, cela se fonde sur la lumière naturelle (Descartes a pris soin de le rappeler) et seuls les termes employés sont une concession au langage de l'École (ce que « les philosophes appellent... »). Descartes veut être compris et suivi au moment où il introduit quelque chose de nouveau, qui déplace le terrain d'application du principe de causalité, de la réalité physique extérieure à la sphère de la conscience subjective, seule réalité reconnue pour l'instant.

dire qui contienne des choses « plus excellentes »). De même, la chaleur ne peut être produite que « par une chose qui soit d'un ordre, d'un degré ou d'un genre au moins aussi parfait que la chaleur ». Il en va de même de l'idée de la pierre ou de la chaleur, dont la réalité objective qui s'y trouve par représentation requiert une cause suffisante, qui ne saurait être notre puissance de penser, apte à expliquer seulement la réalité formelle de l'idée, que ce soit une idée, mais non une idée représentant ceci ou cela. Autrement dit : nous expliquons suffisamment le fait que nous avons des idées en rappelant que nous sommes un être pensant ; l'idée de la pierre n'a pas besoin d'être en pierre, c'est de la pensée. Mais, que l'idée de la pierre soit celle de la pierre, voilà qui doit être expliqué par une cause qui ne peut pas être notre esprit, mais « qui contienne en soi pour le moins autant de réalité que j'en conçois [...] dans la pierre ».

Il résulte de cette analyse que les idées ne sont pas des productions arbitraires, mais ont, dans leur ordre, une réalité comparable à celle des réalités actuelles, ce qui justifie de leur appliquer la loi de causalité. Si nos idées représentent des réalités objectives diverses (cheval, triangle, Dieu), cette différence, qui fait leur contenu, doit être expliquée. Même si le fait d'être « par représentation » en notre idée est une manière d'être très imparfaite (un cheval en idée n'est pas une réalité actuelle), il reste que c'est une façon d'être qui est de l'être, puisque cette façon d'être distingue nos idées les unes des autres, par leur contenu. Tel est le raisonnement de Descartes : le contenu de nos idées n'est pas rien, donc nous ne le tirons pas du néant. Il ne suffit pas de dire que nous sommes une chose pensante, il faut encore examiner ce que nous sommes capables de penser. L'être *par représentation*, dans l'idée, implique l'être *formel* dans la cause de l'idée. Une idée ne peut pas être expliquée par une autre idée, à l'infini, mais requiert « une première idée, dont la cause soit comme un patron ou un original, dans lequel toute (pas moins) la réalité ou perfection », contenue par représentation dans l'idée que nous avons, « soit contenue formellement et en effet [actuellement] ». Une réalité par représentation peut bien être cause d'une autre réalité par représentation, mais elle ne peut résulter, elle-même, que d'une réalité en acte, qui en est le modèle ou le « patron », *instar archetypi* dit, admirablement le texte latin.

La difficulté et l'aridité de cette analyse ne doivent pas nous empêcher de voir à quels sommets elle nous conduit, comment elle prépare l'ouverture de la conscience à une réalité qui la dépasse.

Depuis le début, la conscience veut rompre son isolement et savoir s'il existe quelque chose en dehors d'elle, poussée par un mouvement dont nous ne comprendrons le sens qu'à la fin. Une fois examiné tous les arguments, il apparaît que la seule voie vers l'extériorité passe par l'approfondissement du contenu de nos idées, préparé par l'analyse précédente : « Si la réalité objective de quelqu'une de mes idées est telle, écrit Descartes, que je connaisse clairement qu'elle n'est point en moi, ni formellement, ni éminemment, et que par conséquent je ne puis pas moi-même en être la cause, il suit de là nécessairement que je ne suis pas seul dans le monde. » L'ordre s'impose ici : avant de prouver qu'il y a des choses extérieures, il faut prouver l'extériorité elle-même ; ce qui est autre que moi n'est pas forcément, d'abord, le monde. La seule voie pour prouver l'altérité, c'est la découverte d'une insuffisance au cœur même de ce qui fait notre être : une réalité dont « je ne puis moi-même être la cause », mais impliquée par ce que je suis. La seule façon de découvrir l'autre, pour un moi seul à seul avec lui-même, ce n'est pas d'aller à sa rencontre (comment s'assurerait-il qu'il sort de lui-même ?), c'est de le repérer, négativement, comme un manque, au plus profond de lui-même.

[19] à [22] L'idée de Dieu, seule idée dont la conscience ne puisse être cause

La méthode à suivre est claire : examiner s'il y a en nous une idée dont nous ne puissions *certainement* être la cause. Il faut donc exclure tout ce qui n'implique pas nécessairement une cause autre que le moi pensant, quoique sans l'interdire ; nous recherchons un autre, non pas possible, mais certain. Pour ce faire, il faut voir, systématiquement, si nous pouvons rendre compte de nos idées par notre propre causalité et identifier, s'il y en a, la ou les idées qui résistent à cette explication. Cela ne prouvera pas que nous soyons cause de nos autres idées, mais prouvera ce que nous cherchons : que nous ne sommes pas cause de ces idées, et donc qu'il existe un Autre que le moi pensant.

On peut aller vite : il n'est pas nécessaire d'examiner, une à une, toutes nos idées (nous n'en finirions pas !) : on peut les ramener à des idées « premières et principales », causes suffisantes de toutes les autres. Ainsi, les idées qui nous représentent des hommes, des animaux, des anges *peuvent* (ce qui ne veut pas dire *doivent* : nous raisonnons pour dessiner une limite) « être formées par le mélange et la composition » des idées que nous avons des « choses corporelles » et de « Dieu ». Nous avons donc de quoi les produire.

Restent donc nos idées des « choses corporelles » et notre idée de « Dieu ».

Nos idées des choses corporelles se ramènent, comme nous l'avons vu dans la *Méditation seconde*, à des qualités « clairement et distinctement » connues (extension, figure, lieu, mouvement, substance, durée, nombre) et à des qualités sensibles.

Les qualités sensibles donnent lieu à des idées tellement confuses qu'on peut se demander si ces idées sont bien des idées, avec un réel contenu représentatif. Ce pourraient être des idées entachées d'une « certaine fausseté matérielle », qui « procèdent du néant », comme les idées dont la « réalité objective » est négative, n'exprime qu'une « privation » et non quelque chose de positif : ainsi, le froid n'est que l'absence de la chaleur, et cette représentation, au fond, n'a pas de contenu. Il est difficile de savoir si ce genre d'idées représente des « choses réelles », ou seulement des « êtres chimériques, qui ne peuvent exister ». C'est le statut même des qualités* sensibles qui le veut : comment savoir si la couleur, l'odeur, la saveur, etc., sont dans l'objet ou dans le sentiment qu'on en a ? La saveur du miel est-elle dans le miel ou dans notre palais ? Ce genre d'idées ne requiert aucune cause, les représentations sensibles, subjectives, ne témoignent que très incertainement d'une extériorité.

Quant aux qualités des choses corporelles « clairement et distinctement » connues, elles ne contiennent rien que nous ne puissions trouver, formellement ou éminemment, en nous-mêmes. Nous sommes une « chose qui pense » et nous trouvons en nous la notion de la substance* ; par notre mémoire, nous trouvons en nous la durée ; nous savons dénombrer nos représentations et nous trouvons en nous le nombre. Certes, l'extension, la figure, le lieu, le mouvement ne sont point formellement en nous puisque nous sommes inétendus. Mais ces qualités ne sont que des « modes* de la substance », diverses façons de la découper ou de la déterminer : il suffit d'avoir l'idée de la substance pour trouver l'idée d'une substance étendue, comme il suffit d'avoir l'idée de l'étendue pour savoir y découper des figures, y repérer des lieux, y définir des mouvements. Ces qualités sont donc en nous éminemment, par la capacité de les produire, étant quelque chose de plus excellent[1].

Il ne reste donc à examiner « que la seule idée de Dieu », pour voir s'il y a en elle « quelque chose qui n'ait pu venir de moi-même ». Quelle est, donc, la « réalité objective » que nous nous y représentons ? Il faut d'abord définir « le nom de Dieu » : nous ne savons pas encore si c'est une véritable idée, et, si ce n'est pas une idée, c'est un mot, qui a un sens. L'énoncé, non limitatif, des attributs de Dieu, tous superlatifs, suffit déjà à faire voir que cette notion nous dépasse, que nous ne pouvons la tirer de nous : nous sommes une substance *finie*, et nous avons l'idée d'une substance *infinie*, douée d'attributs eux-mêmes infinis. Dès sa définition, l'idée de Dieu déborde notre conscience : il nous est absolument impossible de donner un contenu effectif à une telle réalité à partir de ce que nous trouvons en nous. Cette idée est trop grande pour que notre entendement puisse la produire de son fonds propre.

---

1. Il faut noter, ici, qu'en démontrant la capacité théorique de la pensée à produire elle-même toutes ses idées des choses extérieures, on a démontré l'éminence de la pensée, sa supériorité sur les choses matérielles. Surtout, on a démontré la capacité de la pensée à penser l'intégralité des choses matérielles et de la nature. Ainsi, même si elle existe hors de notre représentation — comme on le verra par la suite —, la réalité matérielle est pensable et ne peut rien garder de secret pour une chose qui pense. S'il s'attache à ses idées claires (en une physique mathématisée), notre savoir de la nature ne peut pas, essentiellement, rencontrer de limites. La nature ne nous dépasse pas. Nous verrons bientôt qu'on ne saurait en dire autant de Dieu.

Si donc cette idée est en nous (il faudra s'en assurer et ne pas en rester au « nom de Dieu »), nous n'en sommes pas la cause et elle ne peut avoir été mise en nous que « par quelque substance qui fût véritablement infinie ». La découverte d'une extériorité indubitable, qui doit être une extériorité qui nous dépasse, prend, nécessairement, la figure d'une **preuve de l'existence de Dieu**.

[23] à [27] L'idée de Dieu est la plus claire de toutes nos idées

L'idée de Dieu est si extraordinaire, ressemble si peu à nos autres idées qu'il faut se demander si c'est bien une idée, et si elle n'est pas « matériellement fausse », comme les représentations obscures dont nous avons parlé plus haut (voir **[19]**). Auquel cas nous serions capables de la produire nous-mêmes. Il suffit donc de montrer que l'idée de Dieu est véritablement une idée pour établir que nous ne pouvons l'avoir inventée, et qu'Il existe.

Le contenu de l'idée de Dieu s'exprime dans le concept d'**infini**. Ce terme même, qui est négatif, pourrait faire douter que cette idée soit une véritable idée. Il semble indiquer que cette idée est forgée de toutes pièces, comme chimères et sirènes, en amplifiant le fini par la négation de ses limites. Comme les ténèbres ne sont que l'absence de lumière, l'infini ne serait que la négation du fini, donc une abstraction, une fiction sans contenu où nous nous représenterions positivement ce qui n'est rien. On rejoindrait par là — pour ne pas oublier l'approche commune de cette idée — l'explication la plus simple et la plus triste des croyances religieuses : Dieu serait l'illusion dans laquelle les hommes projettent, en un Autre, le refus de leur finitude, le négatif de leur misère. Descartes ne peut retenir pareille interprétation qui, en fait, suppose déjà l'idée de Dieu, indispensable à la prise de conscience de la finitude. Il se contente d'une analyse impitoyable de l'idée de Dieu, selon les critères de la clarté et de la distinction.

On remarque alors que la négation du fini n'est pas l'infini, mais le néant ou l'indéterminé. C'est le fini qui est la négation de l'infini, et le langage nous abuse. Il y a là une *évidence* : « Je vois manifestement qu'il se rencontre plus de réalité dans la substance infinie que dans la substance finie. » Si une idée a un contenu positif, c'est bien celle d'infini. « J'ai en quelque façon premièrement en moi la notion de l'infini, que du fini, c'est-à-dire de Dieu, que de moi-même. » Cette priorité est surprenante, et c'est pourquoi Descartes dit « en quelque façon », refusant d'effacer complètement, devant Dieu, l'antériorité de la certitude que le moi a de lui-même. Mais il s'agit bien de déborder le moi. Nous découvrons que l'infini précède le fini, que nous en avons besoin pour nous représenter le fini et donc que la notion de Dieu précède celle que nous avons de nous-mêmes. Mais cette antériorité logique de l'infini sur le fini n'est pas ce qui apparaît en premier à l'être fini, qui ne peut commencer que par lui-même, et dont la première certitude est la certitude de lui-même. L'ordre logique ne coïncide pas avec l'ordre de la recherche : Dieu n'est pas la première chose que découvre le moi, mais, lorsqu'il le découvre, il découvre que Dieu le précédait. Au reste, cette découverte est impliquée dans la découverte de soi : s'il y a en nous une idée dont nous ne pouvons être cause, il est clair que l'être qui possède cette idée, mais s'éprouve comme ne pouvant l'égaler, ne peut pas se comprendre intégralement par lui-même.

Cette page des *Méditations* est à la fois lumineuse et extraordinaire : Descartes y affirme que la certitude de soi est contradictoire, que la conscience de soi est d'abord et en son fond, si elle est finie, conscience de l'autre, de ce qui n'est pas soi, de l'infini.

Saisir l'idée de Dieu en nous relève donc d'une expérience très commune : si l'infini, comme il est évident, précède le fini, le fait de concevoir le fini prouve, qu'on le reconnaisse ou non, que l'on a l'idée de l'infini. Loin d'être la négation fictive de notre finitude, l'idée de Dieu est impliquée dans la prise de conscience de notre finitude. Et nous pouvons identifier maintenant, dans la conscience que nous avons de nous-mêmes, comme les marques de cette idée : notre conscience de nous-mêmes s'est découverte dans la négativité, elle est devenue certaine d'elle-même comme chose qui *doute* et qui *désire*. Telle est notre expérience de l'infini : nul ne peut douter et désirer savoir, s'il ne sait d'abord ce qu'est une science certaine. Le désir est la preuve qu'il y a quelque chose en nous par quoi nous ne nous contentons pas d'être ce que nous sommes et nous découvrons finis, c'est-à-dire imparfaits, en manque de perfection.

Bref, l'idée de Dieu n'est pas présente en nous comme l'idée du triangle ou du cheval, mais, du fait de son contenu infiniment positif, se manifeste sous la forme du désir d'être plus parfaits que nous sommes, comme certitude de notre imperfection.

Ajoutons que toutes ces conclusions sont certaines, reposant sur l'évidence, dit Descartes, d'une idée « fort claire et fort distincte ». « Fort » veut dire *au plus haut point* (*maxime* en latin). Comment cela est-il possible ?

• *Quoique incompréhensible, l'idée d'infini est la plus claire de nos idées*

L'idée d'infini est remarquablement claire en ceci que, étant l'idée de ce qu'il y a de plus réel, elle offre à notre représentation le contenu le plus riche et le plus foisonnant de présence qu'on puisse vouloir. Comme *parfait*, l'infini est l'objet le plus rigoureusement concevable, où toutes les propriétés se trouvent à leur état maximal et exemplaire : l'objet le mieux connaissable est toujours l'objet parfait, un cercle parfait a plus clairement les propriétés du cercle qu'une ébauche négligée.

Surtout, ce n'est pas parce que nous ne le comprenons pas que nous ne pouvons en avoir une idée claire et distincte. *Comprendre,* c'est embrasser par la pensée. C'est donc saisir l'objet et le dominer entièrement. Il est *clair* que l'infini nous est incompréhensible : un entendement fini ne peut se représenter en entier un objet dont l'ampleur le dépasse infiniment. Mais cela n'empêche pas de le *concevoir*, c'est-à-dire en saisir la nature et la définition, très clairement : « L'incompréhensibilité même est contenue dans la raison formelle de l'infini », écrit Descartes dans les *Réponses aux Cinquièmes Objections*.

Nous concevons donc parfaitement que l'infini est incompréhensible, c'est là une évidence. Mais, encore que nous n'en comprenions qu'une petite partie, ce que nous concevons est bien « l'infini tout entier, selon qu'il doit être représenté par une idée humaine » *(ibidem)*. Quand on sait qu'un triangle a trois côtés, on a bien une idée de *tout* le triangle, même si on ne connaît qu'une *partie* de ses propriétés. Et notre idée est *complète*, donc claire et distincte, parce que nous distinguons précisément ce que nous connaissons et ce que nous ne connaissons pas, et que ce que nous en savons remplit parfaitement l'idée que nous en formons, qui, par là, n'est en rien obscure.

Ce point est de la plus haute importance : en affirmant que l'idée de Dieu, comme être infini, est la plus claire de nos idées, Descartes affirme le droit, pour la raison naturelle, de traiter de Dieu, sans être censurée par la religion révélée qui doit se restreindre à la région des mystères, à l'aspect incompréhensible de l'idée de Dieu. Le Dieu dont parle ici Descartes est bien celui des savants et des philosophes.

[28] à [37] La preuve de l'existence de Dieu par les effets

• *Nous ne sommes pas Dieu. Le progrès est marque de finitude*

S'il est certain que l'idée d'infini en nous exige une cause suffisante, cela ne peut attester l'existence d'un autre être que le moi pensant uniquement si ce dernier est incapable d'en être la cause. Un être fini ne saurait être à l'origine de cette idée. Mais sommes-nous si sûrs d'être finis et de ne pas disposer nous-mêmes des perfections que nous attribuons à Dieu ? Certes, il est manifeste que nous ne sommes point infinis. Mais pourquoi n'aurions-nous point la puissance de le devenir ? Descartes rencontre ici une objection que la modernité prendra au sérieux et qui est l'existence du progrès. « Peut-être aussi que je suis quelque chose de plus que je ne m'imagine. » Il semble bien, en effet, que nous avons une capacité d'augmenter nos perfections qui, même si elle ne nous rend pas encore parfaits, pourrait, un jour, nous en donner la puissance. Non seulement notre « connaissance s'augmente et se perfectionne peu à peu », mais elle semble pouvoir aller « jusques à l'infini ». Nous ne pouvons concevoir que le progrès de la science s'arrête, et celle-ci nous donne les moyens de maîtriser la nature et de nous transformer nous-mêmes, toujours vers du mieux.

Descartes l'a expliqué dans la sixième partie du *Discours de la méthode*. Pourquoi cette puissance ne nous donnerait-elle pas, dès maintenant, l'idée d'un être infini ?

« En y regardant un peu de près », il n'en est rien. Cette sorte d'infini dont nous sommes capables n'est qu'un **infini en puissance**, c'est-à-dire un infini qui n'est jamais infini, jamais achevé, jamais **infini en acte**. Ce n'est que du fini auquel on ajoute indéfiniment du fini, et, même s'il est vrai que cette puissance ne connaît pas de limites et est remarquable, elle n'est possible que par un infini réel qui la précède. Cette puissance ne produit donc que du fini, l'infini n'est approché « en aucune sorte ». L'infini de répétition est du fini. Le véritable infini n'est que s'il est en acte, sans qu'il faille y rien ajouter. On peut ajouter autant de côtés qu'on voudra à un polygone, on sera toujours aussi loin du cercle, qu'on n'atteindra jamais ainsi. Notre puissance d'amplifier ne nous rapproche donc en rien de l'infini, elle est plutôt « un argument infaillible et très certain d'imperfection ». La possibilité de progresser marque que la perfection n'est pas atteinte et qu'on peut faire mieux. Si cette possibilité est indéfinie, cela veut dire que nous n'atteindrons jamais la perfection. Que le progrès humain soit infini ne saurait conduire à des vues prométhéennes ; c'est au contraire le signe de notre finitude.

• *L'argumentation de Descartes : la preuve par les effets*

Nous disposons donc de deux éléments certains :

1° une loi de causalité : tout effet doit avoir une cause suffisante ;

2° un effet : l'idée d'infini, présente dans la conscience du moi.

La preuve opérera à partir de la contingence* de cet effet, qui requiert une cause qui ne se trouve pas en lui : l'existence de l'effet suppose l'existence de la cause. C'est pourquoi cette preuve est dite : *par les effets.*

• *L'idée de Dieu en nous et la contingence du moi pensant*

L'effet sur lequel repose la preuve est donc l'*idée de Dieu en nous*. Toutefois, écrit Descartes, « lorsque je relâche mon attention, mon esprit [...] ne se ressouvient pas facilement » de toutes ces raisons. L'idée de l'infini, comme toute évidence, ne tient que le temps que nous la considérons. La preuve paraît alors scolastique et lointaine. C'est pourquoi il faut « passer outre » : aller plus loin, et reconstruire la même preuve en partant de la contingence d'un autre effet, dont l'évidence ne s'effacera pas, le moi pensant lui-même, qui, lorsqu'il pense, a toujours son attention fixée sur lui-même.

Cette seconde preuve par les effets est plus humaine, plus immédiatement saisissable que la première, puisqu'elle part de la certitude du moi, en tant qu'elle précède l'idée de Dieu. Mais elle suppose la première, puisqu'il faut alors établir la contingence du moi pensant lui-même, dont il n'a conscience qu'en expérimentant qu'il n'est point Dieu, ce qui est en retrouver l'idée.

Il y a trois façons d'expliquer l'existence du moi pensant sans recourir à Dieu :

1° il serait cause de lui-même ;

2° il devrait son existence à ses ancêtres ;

3° il serait l'effet d'une ou de plusieurs autres causes, non divines.

L'absurdité de ces trois hypothèses, en établissant la contingence du moi pensant, conduit à affirmer l'existence d'un Dieu.

1° *Le moi pensant n'est pas cause de lui-même :* ce qui le prouve, c'est l'existence du désir. Un être capable d'être cause de lui-même se produirait tel qu'il voudrait être. Ayant l'idée de l'infini, il se donnerait toutes les perfections dont il a l'idée, et n'aurait plus rien à désirer. Il se les donnerait, à moins qu'il n'ait pas ce pouvoir ; mais un être capable de se donner l'existence a nécessairement le pouvoir de se donner les autres perfections, car la plus difficile à acquérir, c'est l'existence, acquisition qui suppose exactement un pouvoir infini, comme passage du néant à l'être. Et s'il y avait une perfection de ce genre, ajoute Descartes, un tel être le saurait, en voyant sa puissance s'y briser. L'existence du désir, marque de Dieu en nous, suffit donc à prouver que nous ne sommes pas Dieu, ou, ce qui revient au même, que nous ne sommes pas cause de notre être.

Mais peut-être ai-je « toujours été comme je suis maintenant ». Éternel, existant depuis toujours, comme les atomes des matérialistes, le moi pensant n'aurait pas besoin, pour exister, d'avoir eu la puissance de sortir du néant. L'argument ne vaudrait plus rien. Cela exige un approfondissement vertigineux, qui nous rend, en quelque sorte, contemporains de notre propre création : **le fait de la temporalité suffit à prouver la contingence de l'existant,** car exister dans le temps, se conserver, c'est continuer d'être créé. L'existence requiert une cause à tous les instants, elle n'est pas moins extraordinaire dans sa conservation que dans sa production. L'expérience du temps nous enseigne que rien ne tient par soi et qu'exister, c'est se maintenir dans l'existence. Le temps « peut être divisé en une infinité de parties » et chacun de ces temps très courts « ne dépend en aucune façon des autres ». Le temps est discontinuité, il consiste dans la succession et le remplacement de parties, il n'est donc pas ce qui fait durer, mais ce qui fait disparaître et apparaître. Le seul fait d'avoir été ne constitue aucun titre pour continuer à être. Ce sont les choses et non le temps qui durent : il y a un temps formel et vide, divisible et discontinu, qui nous sert à mesurer les mouvements et à dater les événements, et il y a la duration même des choses, qui tient à une puissance d'exister et de se conserver, non à l'écoulement du temps. C'est pourquoi « la conservation et la création ne diffèrent qu'au regard de notre façon de penser » : si l'on cesse de penser les choses existantes à l'intérieur d'un flux temporel, l'être est identique maintenant et à tout instant, y compris le jour de la création. C'est le point de vue abstrait de la temporalité qui nous fait croire, illusoirement, que l'existence peut être acquise une fois pour toutes.

La discontinuité du temps nous fait donc prendre conscience de notre contingence* : si nous ne sommes pas capables, par nous-mêmes, d'exister, alors nous vivons cette contingence, cette dépendance absolue à l'égard d'une puissance qui nous échappe, dans l'angoisse de l'avenir. Tout être créé est bordé par sa propre mort, passe son temps à se survivre sans comprendre comment. La substance créée éprouve ainsi qu'elle ne subsiste pas par elle-même : elle paye le privilège d'être elle-même, autre que Dieu, du prix de l'absolue fragilité. Nous ne cessons d'avoir besoin de Dieu, suspendus à une cause de notre être sur laquelle nous ne pouvons rien. L'expérience du temps est par excellence celle de notre finitude, qui rejoint ce que nous enseigne, indubitablement, la conscience que nous avons de nous-mêmes, à savoir que nous n'avons pas en nous la puissance d'exister. Le moi certain de son existence est certain d'une existence dont il ne voit pas comment elle peut exister.

2° *Le moi pensant ne doit pas son existence à ses ancêtres :* une telle hypothèse, franchement superficielle, oublie qu'« il doit y avoir au moins autant de réalité dans la cause que dans son effet ». De ce fait, une cause capable de nous produire et de nous conserver doit être, en dernier ressort, capable de se produire elle-même, donc être Dieu. Il faut donc remonter, « de degrés en degrés », à une dernière cause, et, l'effet considéré étant actuel, la cause recherchée étant entière et non simplement prochaine et partielle, il va de soi qu'il ne peut s'agir de nos « parents », mais, nécessairement de Dieu. A travers cet argument, Descartes vise sans doute le biologisme, de tradition aristolicienne, qui rattache le vivant à son espèce : « L'homme engendre l'homme ».

3° *Le moi pensant ne doit pas son existence à d'autres causes :* l'argument précédent vaut encore, la cause devra être un Dieu. En outre, la cause dernière de notre être ne peut se dissoudre en une multiplicité de causes partielles ou se ramener à la coalition de perfections errantes : le moi est un être totalisé et unifié, et son idée de Dieu implique aussi « l'unité » et « la simplicité », qui sont des perfections. En Dieu, toutes les perfections forment une seule perfection (ainsi, par exemple, la justice de Dieu est identique à sa bonté, à sa puissance, à sa science, etc. Ces perfections, infinies, ne se limitent pas réciproquement, mais se confondent « en quelque façon » : quand Dieu en a une, il les a toutes).

Cela permet à Descartes de revenir, au paragraphe [37], sur l'hypothèse, décidément superficielle, qui voit dans nos parents la cause de notre existence : elle est radicalement impossible. Ils n'ont aucunement la puissance de produire l'être, surtout s'il s'agit d'un moi pensant, et non cet amas de matière qu'est notre corps (dont nous ne sommes même pas sûrs qu'il existe). Un moi pensant est une individualité absolue, et nos parents ne sont en rien cause de l'existence de notre esprit, un et irréductible. Un moi est un surgissement absolu, par quoi chacun est un être nouveau, directement engendré par Dieu et non pas issu, empiriquement, de ses ancêtres.

[38] à [42] La contemplation de l'idée de Dieu en nous

Reste à savoir d'où vient notre idée de Dieu. Elle ne vient pas des choses extérieures, si elles existent, aucune ne pouvant rendre compte de tant de perfection. Mais elle ne peut pas non plus avoir été inventée par nous. Elle ne peut donc être qu'*innée*, « née et produite avec moi dès lors que j'ai été créé ». Elle nous vient donc d'une altérité qui n'est pas une extériorité, mais qui nous est, en quelque sorte, intérieure. C'est au fond de nous-mêmes, non en nous dispersant dans le monde, que nous pouvons trouver de quoi attester l'existence d'un Autre[1]. Cette idée définit notre nature, elle est « comme la marque de l'ouvrier empreinte sur son ouvrage ». Une empreinte est une marque négative, ou en creux. Nous avons son idée en nous du seul fait que nous sommes son œuvre. Mais avoir l'idée de Dieu en soi, ce n'est pas avoir Dieu lui-même en soi : cette idée que nous avons par notre nature est l'idée d'un autre qui nous dépasse. Ainsi se comprend, rationnellement, cette « ressemblance » de l'homme à Dieu, dont parlent les Écritures (*Genèse,* I, 26). C'est l'infini du désir qui est en nous la

---

1. Il faut réfléchir sur l'originalité de ce qu'on a quelquefois appelé *la preuve cartésienne de l'existence de Dieu.* Le propos de Descartes n'est cependant pas de prouver l'existence de Dieu. Ce que voulait la conscience, c'était briser le solipsisme*, prouver l'existence d'autrui et du monde. Mais il s'est trouvé que le seul autre certain était Dieu, non pas les autres consciences, encore moins les choses matérielles. Cette méditation signifie donc que, pour rencontrer les autres et le monde, il faut faire un détour par l'absolu. De ce fait, ce qui fonde la communication et la présence des choses, si nous y accédons, est une vérité inébranlable et supérieure à la conscience.

Malgré une certaine apparence, cette « preuve » n'a rien d'une construction de théologien ; elle repose sur le vécu d'une conscience qui apprend à se reconnaître, à la différence de la preuve traditionnelle ; elle part de la contingence du moi vivant et non de celle des choses, comme la preuve cosmologique*. Elle est un moment du développement de toute conscience.

marque de notre créateur, que nous reconnaissons sur le mode du manque : Dieu possède « actuellement et infiniment » « toutes ces grandes choses » auxquelles nous aspirons « indéfiniment ». C'est parce que nous avons son idée que nous pouvons amplifier nos désirs à l'infini, c'est parce que nous ne sommes pas Lui que cette amplification se poursuivra sans jamais se satisfaire. C'est sa volonté qui est l'image de l'homme en Dieu.

Avec Dieu, la conscience a donc trouvé l'objet philosophique le plus élevé, son idéal. De là l'extase à laquelle Descartes s'attarde, « quelque temps » (car il faudra continuer, on ne peut s'en tenir à la contemplation de Dieu) : une pensée ne peut pas être plus satisfaite qu'en pensant l'infini ; et cela ne nous entraîne pas vers un autre monde : nous pouvons connaître « dès maintenant » ce contentement qui est le plus grand « que nous soyons capables de ressentir en cette vie ».

La méditation philosophique n'a de sens que par la pensée de l'infini : elle donne des joies incomparables, qu'aucune science de l'objectivité extérieure ne nous procurera jamais.

Quatrième chapitre

MÉDITATION QUATRIÈME
Du vrai et du faux.

[1] et [2] En contemplant l'idée de Dieu, le moi pensant découvre la possibilité d'une science certaine

Avec l'idée de Dieu, nous sommes maintenant au plus loin du sensible, au cœur de l'intelligence : l'esprit comprend enfin que la connaissance de l'esprit est ce qu'il y a de plus facile et que les plus intelligibles des choses sont les choses intelligibles, « dégagées de toute matière ». L'idée de Dieu, « être complet et indépendant », est plus claire encore que l'idée que nous avions de nous-mêmes. Le moi découvre donc, au-dessus de lui, une source de certitude encore plus certaine que sa subjectivité : il comprend sur quoi fonder un savoir absolument certain. Il trouve dans l'idée de Dieu l'idée d'une science parfaite. Nous voyons donc comment valider notre savoir qui, dépendant de Dieu, n'est pas laissé à ses normes subjectives. Nous voyons qu'il y a une objectivité et que nous en sommes capables : « Je découvre un chemin qui nous conduira de cette contemplation du vrai Dieu [...] à la connaissance des autres choses de l'Univers. »

[3] à [5] Problème : Dieu n'est pas trompeur. Comment peut-il permettre que nous nous trompions ?

La première chose dont assure la contemplation de l'idée de Dieu, c'est « qu'il est impossible que jamais il [nous] trompe ». Depuis le début, cette question laissait planer une incertitude sur la valeur de nos connaissances. Elle est maintenant abordée de front et fait presque l'unique objet de la *Méditation quatrième*.

Dieu peut-il être trompeur ? La réponse est tellement évidente qu'elle sera rapide. « Pouvoir tromper » est assurément une *puissance*. On ne voit pas pourquoi un être tout-puissant ne l'aurait pas, ou ne serait pas assez subtil pour mentir. Nous avons déjà envisagé cette hypothèse à la fin de la *Première Méditation*, pour l'écarter au nom de la bonté de Dieu. Mais, s'il ne le voulait pas, il le pouvait.

Maintenant, nous saisissons suffisamment l'idée de Dieu pour être pleinement rassurés : un être infiniment puissant *ne peut pas* vouloir tromper. Cela ne serait pas seulement contraire à sa bonté, mais encore à sa puissance. Tromper témoigne toujours d'une « faiblesse » et est contraire à l'*essence* de Dieu.

Le langage ne doit pas nous abuser : nous ne limitons pas, par là, la puissance de Dieu. La bonté et la puissance de Dieu ne s'opposent point, mais c'est parce qu'il est tout-puissant que Dieu n'a pas besoin de mentir et en est incapable. La puissance de mentir, qui est peut-être, techniquement parlant, une puissance, est en son fond une imperfection parce qu'elle procède toujours d'une impuissance. C'est toujours la faiblesse qui conduit au mensonge, c'est quand le prince est en difficulté qu'il ment au peuple. Puissance des faibles, la puissance de mentir est incompatible avec la toute-puissance.

La vérité de nos représentations ne tient donc pas à la seule bonté de Dieu. Par suite, il n'y a aucune raison de penser que notre puissance de juger doive nous égarer. Si Dieu n'est pas trompeur, nos facultés sont saines et, pour connaître, il suffit de nous en servir. Nous ne sommes pas guettés par l'erreur, aucune puissance ne cherche à nous tromper. Il n'y a pas de problème de la connaissance. Si du moins on en use « comme il faut », notre faculté de connaître est infaillible. « Comme il faut » parce que, si nous nous égarons en jugeant, précisément, de ce que nous ne connaissons pas, notre pouvoir de connaître n'est pas en cause.

Pourtant, c'est un fait que nous nous trompons, et assez souvent. Comment cela est-il possible, si Dieu n'est pas trompeur ? Le fait qu'il n'y ait pas de problème de la connaissance entraîne, pour Descartes, qu'il y a un problème de l'erreur. Il faudra toute cette méditation pour en venir à bout, tant il est complexe, et tant Descartes est rigoureux. Mais l'enjeu est la possibilité d'une science absolument certaine.

Traiter ce problème, c'est trouver un chemin pour rendre compte de nos erreurs sans que Dieu y soit impliqué. On peut donc observer, dès maintenant, que ce n'est pas du côté de Dieu que nous trouverons la solution. « Se tourner entièrement vers Lui », comme dit le texte latin, c'est considérer notre pouvoir de connaître comme créé par Lui et comme parfait. C'est s'interdire à jamais de comprendre nos erreurs. Mais lorsque le moi tente de se saisir en lui-même, comme créature distincte de son créateur, il découvre « une certaine idée négative du néant ». Nous n'avons pas seulement l'idée de Dieu, nous avons aussi une idée du néant. Bien sûr, ce n'est pas vraiment une idée, mais c'est en ce genre de représentation que nous concevons notre finitude. Nous avons cette idée à la manière de nos idées négatives, à partir de la faiblesse de notre nature, en nous représentant nous-mêmes comme bordés de néant, « comme un milieu entre Dieu et le néant ». Ce que nous sommes est entièrement positif, mais, du fait que nous ne sommes pas tout, le non-être contribue à nous définir et nous participons du néant : « Je ne me dois pas étonner si je me trompe », écrit Descartes. En tant que nous participons du néant, nous sommes exposés « à une infinité de manquements ».

• *L'erreur comme négation*

Dieu n'est pas cause de nos erreurs et ne peut servir à les expliquer. Il y a cependant une explication, même si c'est par cette cause négative que notre nature n'est pas infiniment parfaite. En ce sens, comprendre nos erreurs, c'est comprendre notre condition et notre finitude : drame d'un être qui n'est pas Dieu, mais a une idée de Dieu.

Si nous suivons cette voie, nous comprendrons que notre connaissance est vraie en ce qu'elle connaît (ce qui vient de

Dieu) et fausse en ce qu'elle ne connaît pas (ce qui vient du néant). Nos erreurs ne seraient donc pas « quelque chose de réel qui dépend de Dieu », mais « seulement un défaut » qui procède du néant. Ignorance, elles se ramènent à de la négation, à du rien qui n'a pas besoin d'être expliqué par « quelque puissance qui [nous] ait été donnée de Dieu particulièrement pour cet effet ». Nous n'avons pas une faculté de nous tromper. Il n'y aurait donc rien à savoir de l'erreur, pur néant.

Tel serait, sans doute, le point de vue de Dieu. Mais il ne peut nous satisfaire, ou alors nous prendrions le risque de ne rien comprendre à notre condition. Il faut donc approfondir.

[6] à [8] L'erreur n'est pas pure négation

Pour la conscience elle-même, l'erreur n'est pas rien. Certes, absolument parlant, nous nous trompons parce que nous ne savons pas, et l'erreur n'est qu'ignorance. Mais, ne pas savoir et se tromper sont choses différentes : il y a quelque chose de plus dans le fait de se tromper par quoi « l'erreur n'est pas pure négation ». L'erreur semble être un scandale qui, à la différence de notre finitude, nous prive de quelque chose qui nous est dû. Un homme ne se plaindra pas de ne pas avoir d'ailes comme les oiseaux, mais il sera fondé à se plaindre s'il lui *manque* des yeux ou des jambes. Ce serait là une *privation*, et non une simple *négation*. On peut sans doute admettre que ce qui est négation pour Dieu soit, pour nous, privation ; on peut comprendre que nous nous trompions et que Dieu n'y soit pour rien, mais le problème est que Dieu tolère nos erreurs, et nous sommes fondés à le lui reprocher : un pouvoir de connaître qui se trompe n'est pas seulement limité — il n'y aurait rien à dire —, mais bel et bien trompeur et mal fait ; notre entendement risque bien d'être une faculté « imparfaite en son genre », puisqu'il ne peut pas accomplir correctement sa fonction. Si Dieu est tout-puissant, il est positivement coupable de ne pas nous avoir faits infaillibles, ce qui n'est pas la même chose qu'être limités. Tel est le scandale : non pas que nous ne puissions tout savoir, mais que nous nous trompions dans l'exercice même de la connaissance, alors que les animaux, avec leurs instincts, ont des facultés infaillibles[1].

• *Modestie. Pour juger que nos erreurs sont un mal, il faudrait connaître les fins de Dieu*

Qu'est-ce qui prouve que notre entendement est fait pour connaître la vérité ? Dieu pourrait, par sa bonté, vouloir nos erreurs : « m'est-il donc plus avantageux de faillir que de ne point faillir ? », demande Descartes.

Cette hypothèse, à la limite de l'intelligibilité, n'est pas avancée pour disculper Dieu. Il s'agit de tenter un approfondissement ultime : nous pouvons essayer d'admettre l'erreur, mais il faut toujours, en innocentant Dieu, qu'il n'en résulte pas une invalidation de notre connaissance.

L'hypothèse qu'il nous serait « plus avantageux de faillir » doit être prise au sérieux. Mais l'analyse exige que nous dépassions le niveau des finalités que nous pouvons objectivement assigner. Il n'est pas impossible que nos erreurs servent à quelque chose, mais comment le savoir ? Admettre une finalité de nos erreurs, c'est admettre l'incompréhensible. Descartes tolère parfaitement cela, à condition que nous comprenions pourquoi, que nous voyions clairement que c'est incompréhensible. Nous pouvons donc reconnaître, sans manquer à la raison, qu'il y a dans nos erreurs quelque chose d'inexplicable, mais qui pourrait être justifié par une raison plus puissante que la nôtre. L'erreur serait un douloureux mystère.

Pourtant, tel n'est pas exactement le propos de Descartes. Il ne s'agit pas, en faisant valoir que les fins de Dieu sont « impénétrables », de résoudre le problème par un

---

1. Il faut remarquer, ici, que Descartes introduit dans son raisonnement une nouvelle notion, à savoir une *fin* ou une *norme*. Tant que l'on n'articule pas notre pouvoir de connaître à une fin définie — connaître —, il est entièrement positif et irréprochable. L'erreur n'est rien. Mais si on fait intervenir la finalité, l'erreur est une imperfection notoire. Si un objet ne répond pas aux fins qui sont les siennes, ce n'est pas seulement un inconvénient, c'est la preuve que l'ouvrier qui l'a construit est un incapable. La difficulté concernant Dieu reste donc entière et l'on ne s'en tirera pas par les distinctions scolastiques* de la privation et de la négation. L'erreur apparaît bien comme incompréhensible et nous barre le chemin de la science. Il faut relever comment Descartes n'élude en rien le problème.

recours au mystère. Descartes fait un usage critique* de la notion de l'incompréhensibilité divine : le recours aux desseins de Dieu n'explique rien, parce que nous ne les connaissons pas. « Ce genre de causes, qu'on a coutume de tirer de la fin, n'est d'aucun usage dans les choses physiques ou naturelles. » Ainsi, la question de la signification ultime de nos erreurs, sans être dépourvue de sens, n'est pas une question dont nous puissions traiter. Mais il résulte aussi de cette analyse que nous ne sommes pas fondés à nous plaindre de nos erreurs, puisque nous ne pouvons pas savoir si nos facultés ont pour fin de nous faire connaître le vrai.

D'autre part, en jugeant imparfaite notre faculté de connaître, nous la considérons isolément, sans la rapporter au reste des ouvrages de Dieu. Ce défaut, dans la partie, pourrait contribuer à la perfection du tout. Descartes n'introduit pas ici une hypothèse de plus. Il s'agit au contraire d'établir le bien-fondé de notre refus d'entrer dans les fins de Dieu. Le jugement sur les fins est toujours un jugement qui porte sur la convenance des parties dans un tout, la science des fins est une science de l'ordre universel. Il est clair qu'une telle science n'est pas à notre portée, exigeant de considérer des totalités que nous n'embrassons pas. Nous ne pouvons pas connaître l'ordre de l'Univers, ni, par conséquent, les raisons d'organisation suprême qui font que nous nous trompons. Ce n'est pas à nous de dire si nos erreurs ont une fonction dans l'économie divine, et, quoi qu'il en soit, nous savons au moins qu'en posant, comme auparavant, que notre pouvoir de connaître était fait pour connaître, nous cédions à une illusion finaliste, admettant des fins dont nous ne sommes pas juges.

• *Il faut renoncer à une métaphysique de l'erreur*

Notre recherche ne doit donc pas importuner Dieu. Au fond, la question de savoir pourquoi nous sommes faillibles plutôt qu'infaillibles est une question de mauvaise métaphysique, qui ne peut appeler que des considérations obscures. Et, semble-t-il, nous y étions tombés en jugeant notre puissance de connaître imparfaite au nom de fins qui ne sont que les nôtres.

Renonçant à l'étude des causes finales, le philosophe s'attachera plutôt aux causes efficientes, et donc à rechercher, le mécanisme de l'erreur : la raison par laquelle et non pour laquelle nous nous trompons.

[9] Le mécanisme de l'erreur. Entendement et volonté

Il s'agit désormais d'examiner comment est disposée notre nature pour expliquer cet effet que nous nommons erreur, sans que Dieu intervienne. On ne s'interroge plus sur les intentions de Dieu, mais uniquement sur ce qui se passe dans la conscience qui se trompe.

Nous avons vu (*Méditation troisième*, [9]) que seuls nos **jugements** pouvaient être vrais ou faux, donc susceptibles d'erreur. Nous avons vu aussi qu'un jugement était formé du concours d'une idée et d'une volonté. L'idée, formée dans l'entendement, devient un jugement, vrai ou faux, lorsque la volonté lui donne ou lui refuse, *librement,* son assentiment[1].

• *Notre entendement est irréprochable*

Considéré « précisément », c'est-à-dire seulement en tant qu'il nous fournit « les idées des choses », l'entendement est absolument véridique : les représentations claires y sont claires, les confuses confuses. Il ne nous fournit que des évidences, et nous n'avons pas d'autres évidences. Telle est l'incontournable vérité : à ne considérer que notre entendement, les seules choses fausses à être dans notre connaissance sont celles que nous ne connaissons pas. L'entendement ne fournit que du vrai ; il ne faut même pas dire que nous *avons* des idées obscures, puisqu'une idée obscure est précisément une idée que nous n'avons pas.

---

1. Remarquons que Descartes semble faire intervenir, ici, une cause de trop : pourquoi l'entendement ne suffit-il pas ? Pourquoi, en introduisant la volonté, étrangement, faire du savoir une affaire de liberté et parler de notre « puissance d'élire [c'est-à-dire de choisir], ou bien de [notre] libre arbitre » ? Cela caractérise ce qu'on appelle une *philosophie du jugement* : une vérité réduite à une pure représentation serait, selon Descartes, comme un tableau muet devant lequel nous serions entièrement passifs. Le véritable vrai tient sa valeur de ce que nous y consentons. Le vrai n'existe pas naturellement dans les idées, mais spirituellement par la volonté qui se l'approprie en l'affirmant (on sait que Spinoza, contre Descartes, tiendra que l'idée vraie s'affirme elle-même, et que le libre arbitre de la volonté est une illusion. Voir *Éthique*, IIe partie, proposition 46, scolie).

La finitude de notre entendement n'est donc en rien une imperfection : il y a « une infinité de choses » dont il n'a pas l'idée, mais il n'est pas « privé de ces idées » puisque leur absence ne l'empêche pas d'être parfait, de saisir pleinement celles qu'il saisit. Simplement, il a une extension finie et ne peut saisir à la fois qu'un petit nombre de représentations (ainsi, l'idée d'infini lui échappe), mais, dans ses limites, il est parfait. Nous plaindre de cette étroitesse serait nous plaindre de ne pas avoir ce qui ne nous est pas dû. Il n'y a donc rien à reprocher à notre pouvoir de connaître, c'est une faculté naturelle qui *fonctionne* bien. Il n'y a pas, répétons-le, de problème de la connaissance, et, en ce sens, c'est un fait que notre entendement est infaillible.

• *Notre volonté est également irréprochable*

Il serait mal venu de nous en plaindre : nous ne pouvons pas reprocher à notre volonté d'être finie. Au contraire, nous ne voyons pas ce qui peut l'arrêter, et c'est en ce sens qu'elle est libre. « Je l'expérimente si vague (c'est-à-dire mobile et changeante) et si étendue, écrit Descartes, qu'elle n'est renfermée dans aucunes bornes. » PLus : cela est tout à fait exceptionnel puisque, par sa volonté, une créature finie dispose, extraordinairement, d'une faculté infinie. Littéralement, la volonté dépasse l'entendement, et nous ne pouvons pas comprendre que nous soyons libres. Nous comprenons mieux ce que nous avons entrevu à la *Méditation troisième,* [23] et [39] : « C'est elle principalement qui me fait connaître que je porte l'image et la ressemblance de Dieu. »

Il faut tenter de mesurer l'ampleur de cette faculté. Descartes affirme, dans la même phrase, que la volonté est « incomparablement plus grande dans Dieu que dans moi » et, aussitôt après, qu'« elle ne [lui] semble pas toutefois plus grande ». Telles sont les contradictions de l'infini : il n'est pas étrange qu'un infini puisse être plus grand qu'un autre et que chacun soit cependant infini, c'est la marque que notre entendement est dépassé. Mais cela peut s'analyser davantage : la volonté de Dieu est « incomparablement plus grande » que la nôtre si on considère qu'elle appartient à un être infini en toutes ses autres facultés. Ainsi, « à raison de la connaissance et de la puissance » qui y sont jointes, la volonté de Dieu est plus grande, car ses choix sont toujours éclairés et positifs, et se réalisent toujours. Pour nous, au contraire, faute d'entendement, nous restons souvent indécis, et, faute de pouvoir, nos vœux sont souvent vains. Enfin, pour Dieu, c'est effectivement que sa volonté s'étend à l'infini, alors que pour nous, faute d'objets à sa dimension, elle manifeste une certaine vacuité. D'autre part, prise « formellement et précisément en elle-même », si on ne fait pas intervenir ce qui l'accompagne, la volonté de Dieu ne semble pas « plus grande » que la nôtre : elles sont identiques et pareillement *libres*. La liberté suffit à définir la volonté et exclut toute autre propriété : « elle consiste seulement en ce que nous pouvons faire une chose, ou ne la faire pas ». Là est exactement l'infini : la liberté ne se divise pas, on a le choix ou on ne l'a pas. Aussi la liberté consiste-t-elle « seulement en ce que, pour affirmer ou nier, poursuivre ou fuir les choses que l'entendement nous propose, nous agissons en telle sorte que nous ne sentons point qu'aucune force extérieure nous y contraigne ».

• *La vraie liberté n'est pas la liberté d'indifférence*

La vraie liberté est une **puissance positive de choix**. L'indifférence ne la définit que négativement, quoique correctement. La liberté ne suppose pas l'arbitraire : « afin que je sois libre, il n'est pas nécessaire que je sois indifférent ». La vraie liberté est éclairée par l'entendement, car choisir en connaissance de cause ne supprime pas la liberté (cela n'empêche pas de faire le contraire), mais la rend positive : on sait ce qu'on choisit et pourquoi. Agir librement, c'est agir consciemment et non pas indifféremment. Ce n'est pas un paradoxe de soutenir que la connaissance *augmente* la liberté : lorsque nous ne sommes pas indifférents, nous voyons clairement qu'une action est bonne ou une idée vraie, et une force nous pousse à les choisir. Plus notre connaissance est claire, plus cette force est irrésistible. L'évidence nous incline irrésistiblement à lui donner notre assentiment. Mais c'est une illusion de croire, alors, que nous n'avons plus le choix : au contraire, toutes les conditions sont réunies pour choisir avec une pleine lucidité, ce qui n'empêche pas de choisir. C'est l'absence de lucidité qui conduit à l'indifférence, où, en fait, on se laisse emporter par la moindre détermination extérieure : le hasard choisit pour nous. Avoir le choix n'est que la condition négative de la liberté, qui consiste à décider positivement et donc requiert une inclination.

En ce sens, la liberté est principalement ce qui nous permet de nous attribuer nos propres choix et de revendiquer d'être les auteurs de nos actions. On comprend donc que la liberté d'indifférence soit « le plus bas degré de la liberté ». Une telle indifférence ne manifeste aucune « perfection dans la volonté », qui oscille d'un choix à l'autre, sans savoir ce qu'elle veut. Au contraire, si le choix pouvait être entièrement clair, « je serais entièrement libre, sans jamais être indifférent ». *Entièrement libre,* parce que sans la moindre hésitation, selon un choix rigoureusement positif ; *Aucunement indifférent*, puisqu'on veut ce pourquoi on se décide. La vraie liberté, positive, supprime l'indifférence. Peut-on encore parler de liberté ? Cette question est abstraite : le choix existe, et on a choisi ce qu'on voulait. L'ignorance ne permet pas la liberté, elle conduit seulement à mal exercer son choix. Certes, il est vrai qu'on ne peut pas résister à l'évidence. Mais cela ne supprime pas le choix, car on peut se détourner de l'évidence, et c'est librement qu'on y est attentif ou non. Nous sommes toujours responsables de notre volonté, de ce que Descartes appelle le « bon usage de notre libre arbitre », qui est de ne vouloir toujours qu'en parfaite connaissance de cause, donc d'éclairer notre volonté, ou de suspendre notre jugement. Telle est **la vraie générosité** (voir le traité des *Passions de l'âme*, III, art. 152-153, et l'admirable *Lettre à Christine de Suède* du 20 novembre 1647).

[10] à [14] La cause de l'erreur n'est ni dans l'entendement, ni dans la volonté, mais dans le mauvais usage de notre libre arbitre

• *Le mécanisme de l'erreur*

Le rapport des deux facultés qui constitue le jugement dévoile le mécanisme de l'erreur, qui ne tient à la nature ni de l'entendement, ni de la volonté, mais à l'usage que nous en faisons. Elle ne résulte pas d'une imperfection de notre nature, mais de l'accomplissement incorrect d'une opération : *elle consiste à affirmer ou à nier sans savoir*. Certes, cela tient aussi à notre nature : il est vrai que nous pouvons affirmer sans connaître le vrai ou agir sans connaître le bien, puisque notre volonté excède notre entendement. C'est en ce sens que nous sommes faillibles. Toutefois, nos facultés sont innocentes.

Par suite, Dieu a été mis hors de cause et, maintenant, notre nature elle-même. L'erreur a donc le statut d'une *façon d'agir*, dont le sujet est le moi pensant lui-même. L'erreur ne marque donc pas notre nature comme une condamnation : nous pouvons y échapper, et que nous soyons faillibles ne compromet pas notre projet d'une science certaine. Notre pouvoir de connaître est sain. Même, si nous sommes la seule cause de nos erreurs, c'est à nous seuls aussi que revient le mérite de ne se point tromper. Que Dieu soit mis hors de cause est surtout important pour nous. La question de l'erreur est donc réglée : il suffit de porter le regard vers nous-mêmes.

• Le bon usage du libre arbitre

Il est plus important que l'exercice même de nos facultés, et il faut le définir, donc établir les principes d'une méthode. Les règles du *Discours de la méthode* n'expriment au fond rien d'autre. On dégagera ces règles d'un retour réflexif sur la démarche des *Méditations* mêmes : aux paragraphes [11] et [12], Descartes ne fait que réinterpréter sa propre recherche en comprenant la méthode et en faisant apparaître, tout au long, l'action décisive du sujet pensant qui pense *Les Méditations,* recomprise comme un bon usage constant du libre arbitre, comme discipline du jugement. Nous voyons alors avec certitude que nous pouvons avoir la certitude de ne jamais nous tromper : cela ne dépend pas de nos facultés naturelles, mais d'une méthode dont le principe est que « la connaissance de l'entendement doit toujours précéder la détermination de la volonté ».

• La réalité de l'erreur

On peut revenir à ce problème, maintenant éclairé. N'étant l'effet d'aucune faculté positive, nos erreurs ne peuvent avoir aucune réalité positive. Elles sont *privation*, mais cette privation n'est pas un manque dans notre nature et n'est pas imputable à Dieu. « La privation qui constitue la forme* [c'est-à-dire la définition] de l'erreur [...] se rencontre dans l'opération, en tant qu'elle procède de moi. » Ce n'est pas une privation d'être (qu'il faudrait imputer au Créateur), mais un défaut dans une façon d'agir. L'erreur a donc une existence, car c'est bien un défaut, mais, « en tant qu'elle procède de moi », elle n'est qu'une *négation*, absolument rien, par rapport à Dieu (sur *négation/privation*, voir [6]). On ne peut pas accuser Dieu, tout simplement parce que ce n'est pas Lui qui commet nos erreurs, mais bien nous, puisque ce sont des façons d'agir, qui sont les nôtres. Le libre arbitre nous rend semblables à Dieu en ceci, également, qu'il nous rend auteurs de nos actions. Nous sommes créateurs de nos actions, donc de nos erreurs.

Mais, dira-t-on, si rien ne peut exister sans le concours de Dieu ? Il est facile de répondre que justement elles ne sont pas de l'être, mais du défaut dans une action. Décidément, nous ne pouvons pas nous plaindre : il est normal qu'un être fini ait un entendement fini, et, si nous étions tentés d'accuser notre volonté, cela reviendrait à reprocher à Dieu de nous avoir faits libres : une liberté surveillée n'est pas une liberté. Dieu n'est pas comme un prince, chargé de faire respecter la loi dans son royaume, il n'a pas à contrôler notre liberté, ni à nous empêcher de faillir.

Enfin, en tant qu'elles sont des défauts, nos erreurs n'ont pas besoin du « concours de Dieu ». Tous nos actes, y compris nos péchés, en ce qu'ils ont de positif, sont « entièrement vrais et absolument bons » : que faisons-nous lorsque nous nous trompons ? Nous nous servons de notre entendement et nous voulons, et c'est toujours un bien. L'erreur n'est pas le résultat d'une action, mais d'une action ratée : nous n'avons pas besoin qu'on nous aide pour nous tromper.

[15] à [17] Nos erreurs nous révèlent notre liberté

Il faut maintenant revenir au problème par lequel nous avons commencé : après tout, Dieu pouvait nous faire infaillibles, que ce soit en nous donnant assez de lumières pour ce qui nous importe ou en inscrivant des règles de jugement dans notre nature. Et ce, sans supprimer ni notre finitude, ni notre liberté.

Il ne saurait être question de pénétrer les desseins de Dieu, ni de savoir pourquoi il ne nous a pas faits plus parfaits, mais on peut tenter de dégager la signification de l'erreur, qui n'est peut-être pas une imperfection autant qu'il le semble.

D'abord, nous avons la possibilité de ne jamais nous tromper, qui consiste en **la ferme résolution de bien user de notre libre arbitre**, la générosité. Il y a un moyen, mais c'est à nous de nous le procurer.

Ensuite, cela montre que c'est à nous de nous rendre plus parfaits que nous ne sommes. Conclusion étonnante : notre plus grande perfection n'est pas l'œuvre de Dieu, mais la nôtre. Telle est bien la générosité (« ce qui fait qu'un homme s'estime au plus haut point qu'il se peut légitimement estimer », *Passions de l'âme*, III, art. 153), par quoi « la principale perfection de l'homme » est dans « l'habitude de ne point faillir », seule perfection qui ne nous vienne pas de Dieu, mais de nous. Nos aptitudes naturelles ne méritent ni louange, ni blâme, mais seul l'usage de notre libre arbitre. Nous ne serions donc pas plus parfaits que nous ne sommes si nous étions infaillibles. Notre perfection n'est pas de ne pas nous tromper : cette perfection serait celle des bêtes qui ont l'instinct ou des machines qui agissent par rouages et ressorts. Notre perfection est de mériter nos perfections, donc d'excéder notre nature en connaissant le vrai librement, en étant bons librement, ce qui ne serait pas possible si nous agissions par des dispositions de notre nature.

Cinquième chapitre

MÉDITATION CINQUIÈME

De l'essence des choses matérielles ;
et derechef de Dieu, qu'il existe.

[1] à [6] La levée du doute, les essences rationnelles

Dès la *Méditation seconde*, le doute a été levé à propos du moi. Concernant Dieu, il a été levé avec la *Méditation troisième*. C'est maintenant le tour des vérités rationnelles, et c'est l'objet de la *Méditation cinquième*. Autant il avait été facile de douter de l'existence des choses extérieures et difficile de douter des vérités rationnelles, autant, en sens inverse, il sera facile de lever le doute affectant la région de la rationalité, et difficile celui concernant l'existence des choses sensibles. C'est pourquoi il y a un ordre à suivre : « Avant que j'examine s'il y a de telles choses qui existent hors de moi, je dois considérer leurs idées, en tant qu'elles sont en ma pensée, et voir quelles sont celles qui sont distinctes, et quelles sont celles qui sont confuses. » On examine donc l'**essence** des choses matérielles, sans se poser la question de leur existence. Nos idées nous livrent le vrai, mais non pas l'existant (sauf dans le cas de Dieu). Maintenant que nous sommes assurés de l'existence de Dieu et de sa véracité, le critère de la clarté et de la distinction garantira pleinement, et métaphysiquement, leur vérité. Tout ce que nous concevrons ainsi sera absolument vrai.

Nous savons, depuis longtemps, que seules les qualités intelligibles des choses matérielles sont, pour nous, claires et distinctes. Mais ce que nous pouvons dire maintenant, c'est que ces qualités, connues avec une parfaite vérité,

constituent l'essence des choses matérielles, c'est-à-dire
définissent ce qu'elles sont véritablement, qu'elles existent
ou non. C'est cela qui fonde une connaissance certaine du
monde matériel — ce qui sera la physique scientifique — :
nous connaissons les choses d'abord en idées, leurs concepts peuvent être établis *a priori* et la physique est une
science parce qu'elle traite d'essences nécessaires.

L'essence des choses matérielles est donc l'**étendue**, avec
ses **modes***. La science rationnelle qui connaît des propriétés de l'étendue est la géométrie. Une physique *scientifique*
sera donc une physique *géométrique*, portant sur une
matière réduite à l'étendue.

Descartes rappelle rapidement ces notions générales auxquelles accède notre science et qui comportent tout ce
qu'enseignent la géométrie et l'arithmétique « touchant les
nombres, les figures, les mouvements et autres choses semblables ». Il y a là de nombreuses essences particulières,
êtres géométriques et mathématiques : nous pouvons connaître non seulement l'étendue et la figure, mais aussi des
choses étendues et des figures ; non seulement la figure,
mais aussi le cercle ou le triangle ; non seulement le mouvement, mais aussi le mouvement rectiligne ou autre, etc.

• *Les essences rationnelles*

Il y a donc de nombreuses idées, qui nous font parfaitement connaître les êtres qu'elles représentent. Elles définissent ce nouveau type d'objet qu'est une *essence rationnelle*.

L'évidence y est telle qu'il nous semble que le vrai n'y est
pas seulement constaté, mais transparent. L'évidence
rationnelle s'explique entièrement en se donnant : elle ne
montre pas seulement le vrai, elle montre aussi pourquoi ce
vrai est vrai en nous en faisant saisir les raisons. Elle est
compréhensible.

• *L'innéisme*

Comprendre, c'est intérioriser la contrainte qui nous
oblige à nous rendre à l'évidence, par quoi elle est acceptée
librement. C'est reconnaître que le vrai a raison d'être ce
qu'il est, qu'il ne pouvait pas, en effet, être autre. Ainsi,
comprendre, c'est découvrir que l'on savait déjà ce que

l'on découvre et qu'on avait, en quelque sorte, oublié : « Il ne me semble pas que j'apprenne rien de nouveau, mais plutôt que je me ressouviens de ce que je savais auparavant. » Et Descartes retrouve, en approfondissant la même incontestable expérience, le mythe platonicien de la *réminiscence* (voir Platon, *Ménon,* p. 80 d, et *Phédon,* p. 72 sq.). Mais Descartes entend éviter le mythe : ce que manifeste ce genre d'évidence, plutôt que l'existence d'une vie antérieure, c'est que le vrai ne nous est pas étranger, mais « s'accorde avec [notre] nature ». Il y a simplement en nous une capacité à reconnaître le vrai et à le comprendre, nous portons en nous une idée de la vérité. Toute vérité est pour nous de l'ordre de la raison, non du fait, et, par là, est nôtre.

Les idées des essences rationnelles sont donc **innées**. Nées avec nous, elles sont notre entendement même : nous pouvons vérifier chacune de ces idées en la rapportant à un vrai que nous tenons en nous. C'est pourquoi on n'enseigne pas les vérités rationnelles, on apprend seulement à les retrouver : la source de la géométrie est une raison qui est celle de chacun de nous. L'innéisme fonde rationnellement le refus de l'autorité en matière de sciences : nous pouvons n'écouter que nous-mêmes.

Ensuite, surtout, ces *possibles*, qui sont vrais indépendamment de toute existence extérieure (qu'il y ait ou non des triangles, leurs propriétés nécessaires sont les mêmes), semblent avoir une *objectivité*. Ces idées « ne sont pas feintes par moi » : ce sont des essences, et la pensée y rencontre une résistance et une solidité qui définit un objet, « une nature vraie et immuable », même s'il ne s'agit pas d'une chose sensible. Un triangle n'est pas n'importe quoi, mais a une foule de propriétés que nous ne pouvons lui donner ou lui retirer à notre guise ; c'est une « forme* [...] immuable et éternelle ». La pensée découvre, mais aussi retrouve : elle a affaire à quelque chose de stable. Par quoi cet objet, d'un type nouveau, peut bien être dit réel. Il y a une intuition intellectuelle qui se rapporte à des objets réels, même s'ils ne sont pas matériels.

• *La constance et l'éternité du vrai*

A partir de ce *réalisme des essences*, par quoi nos idées rationnelles ne sont pas « factices » ou inventées par nous,

Descartes établit que, s'il est essentiel à ces idées d'être innées, il ne leur est pas moins essentiel d'être indépendantes de nous et définies pour elles-mêmes. Si nous devons, et pouvons, comprendre le vrai, nous devons aussi nous plier à lui : les essences sont créées par Dieu, non par nous, et c'est pourquoi elles sont immuables et éternelles.

Il faut, ici, revenir à notre propos : s'il y a une existence objective des essences indépendamment de notre pensée, cela signifie que Dieu n'est pas le seul autre certain. Il y a aussi toute cette sphère des essences créées. Le solipsisme* est brisé : il y a du vrai hors de la subjectivité, nous ne sommes pas seuls avec Dieu.

Le doute est donc ainsi levé au sujet des vérités rationnelles. Jusqu'ici, l'évidence n'était certaine que le temps de l'évidence, actuellement ; maintenant, nous sommes assurés que le vrai demeure vrai même lorsque nous cessons d'y penser ; notre savoir sera « constant et assuré », car nous voyons clairement dans ces essences qu'elles sont objectives. De plus, étant certains de l'existence de Dieu et n'ayant plus de raisons de douter de l'évidence, nous pouvons affirmer que cette objectivité des essences n'existe pas seulement pour la conscience, mais, étant métaphysiquement vraie, qu'elle existe effectivement et que les essences sont bien des réalités. Le doute métaphysique est levé. Cela ne rend pas vraies nos vérités rationnelles — elles l'étaient avant, pour la conscience —, mais les rend objectives et constantes, indépendantes du vécu de nos évidences.

[7] à [10] Si l'existence d'un être est inscrite dans son essence, il existe nécessairement. Le cas de Dieu

Ces essences sont un instrument remarquable : la conscience n'est plus emprisonnée dans ses propres limites, mais peut connaître ce qui n'est pas elle. « De cela seul que je puis tirer de ma pensée l'idée de quelque chose, il s'ensuit que tout ce que je reconnais clairement et distinctement appartenir à cette chose lui appartient en effet. »

Dans la *Méditation troisième*, n'étant pas sûrs de la valeur objective de notre connaissance, nous ne pouvions établir l'existence de Dieu à partir de l'idée que nous en avions. D'où le recours à la preuve par les effets. Mais

« maintenant », nous pouvons, plus simplement, établir l'existence de Dieu par la connaissance de son essence qui, si elle implique l'existence, nous permettra de prouver son existence effective. Il s'agit donc, non plus d'une preuve par les effets, ou *a posteriori*, mais d'une preuve *a priori*, tirée de la seule analyse d'une essence, par le raisonnement seul, exactement comme on démontre les propriétés d'un triangle.

Pour ce faire, il faut que l'idée de Dieu nous soit innée, ce que nous avons vu à la *Méditation troisième*. Mais il faut aussi que cette idée contienne, parmi ses propriétés néces-saires, l'existence. C'est ce point qui fait l'objet de la démonstration proprement dite, explicitée aux paragraphes [7] et [8].

Cette démonstration est rigoureusement identique aux démonstrations de la géométrie : elle déduit, d'une essence définie, ses propriétés nécessaires. Si donc elle ne porte pas sur les mêmes objets, elle est cependant « aussi certaine » que « toutes les vérités des mathématiques, qui ne regar-dent que les nombres et les figures »[1].

Il est vrai que cette preuve suppose la vérité de tout ce qui a été « conclu dans les méditations précédentes » : elle suppose donc l'existence de Dieu, ou, si l'on préfère, la première preuve, qui n'impliquait pas la vérité et l'objecti-vité des essences. Par suite, cette preuve ne contient pas de cercle* que si l'on a déjà prouvé, par un autre moyen, l'existence de Dieu. Mais cela ne lui ôte rien : il ne s'agit pas de convaincre l'incroyant, mais, en fait, d'expliciter rationnellement l'existence de Dieu à partir de son essence. C'est le seul moyen d'intérioriser cette existence, au lieu de la recevoir comme un fait. Il faut savoir *pourquoi* Dieu existe, et faire entrer cette connaissance dans le champ de notre savoir rationnel : l'existence de Dieu est bien plus qu'un fait. L'avantage de cette preuve n'est donc pas négli-geable : elle explique Dieu, au lieu de nous contraindre seu-lement à avouer son existence.

---

1. Descartes écrit « au moins aussi certaine ». Cela ne veut pas dire qu'elle pourrait être plus certaine, mais que, dans le pire des cas, s'il fallait mainte-nir le doute métaphysique, elle vaudrait encore ce que valent les mathémati-ques, qui, on l'a vu, demeurent de toute façon vraies pour la conscience, même si elles n'ont pas d'objet.

• *Existence commune et existence nécessaire*

Il reste qu'il y a dans cette preuve « quelque apparence de sophisme* ». Les essences, semble-t-il, ne nous livrent que du possible et non de l'existant : peut-on, alors, conclure l'existence d'une simple analyse d'essence ? L'essence ne semble pas être modifiée par l'existence, qui ne lui ajoute rien, qui fait exister la chose, mais ne la transforme pas. L'existence ne semble pas être une propriété, par quoi elle ne saurait appartenir à l'essence d'aucune chose. Il serait donc impossible de déduire l'existence de quoi que ce soit à partir de l'analyse de son essence. Cela est vrai, mais n'est pas vrai en général de toutes les essences. Ce n'est vrai, précisément, que pour les êtres dont l'existence n'est pas contenue dans l'essence, les êtres qui peuvent aussi bien exister que ne pas exister, dont l'existence n'est pas nécessaire. C'est là l'existence commune, qui est celle de presque toute chose, mais non de toutes : Dieu fait exception. En effet, si en général l'existence n'entre pas dans la définition essentielle des choses, c'est parce que l'existence de celles-ci est contingente*. Mais, s'il y a des choses qui existent nécessairement, qui ne peuvent pas ne pas exister, alors, il faut faire entrer l'existence dans leur définition : si cette chose pouvait indifféremment exister ou non, elle n'aurait pas la même essence[1]. L'existence nécessaire n'est pas

1. Cela appelle diverses remarques.
    1° S'il existe un être dont l'existence soit contenue dans l'essence, alors cette essence (qui est celle de Dieu) permet à la pensée de briser ses limites, d'atteindre et de penser l'existant même, et non seulement du possible.
    2° En démontrant l'existence nécessaire de Dieu, plutôt qu'on ne démontre son existence, on fait voir la différence qui est entre Dieu et les choses, on comprend que Dieu n'a pas le même type d'existence que le commun des choses et qu'Il n'est pas une chose comme les autres. L'existence des choses créées est une existence contingente*, qui disparaît et apparaît, sans éternité. Dieu est au contraire un être nécessaire, dont l'existence, source de toutes les autres existences, ne dépend que de son essence et ne peut lui être enlevée. L'éternité est la principale différence — essentielle — entre Dieu et les choses.
    3° Descartes répond d'avance à Kant, qui lui reprochera le sophisme* dont il se défend. C'est que Kant récuse la notion d'existence nécessaire et ne reconnaît d'autre existence que l'existence commune des choses (*Critique de la Raison pure*, « De l'impossibilité d'une preuve ontologique de l'existence de Dieu », Garnier-Flammarion, p. 475). Saint Anselme, qui a formulé, au XIᵉ siècle, une preuve comparable à celle de Descartes, s'indignait de voir son adversaire, le moine Gaunilon, comparer Dieu à une « île perdue » ! Que n'eût-il pas dit en voyant Kant le comparer à une somme de « cent thalers » !

réductible à une existence de fait, c'est une propriété qui « ne peut non plus être séparée de l'essence de Dieu, que de l'essence d'un triangle rectiligne la grandeur de ses trois angles égaux à deux droits ».

• *Nature de la nécessité rationnelle*

Il faut examiner ici une nouvelle objection. S'il n'y a pas de Dieu sans existence, exactement comme il n'y a pas de « montagne sans vallée », on affirme son existence en se fondant sur la « répugnance » (ou « contradiction ») qu'il y aurait à concevoir un Dieu sans existence. Mais, ajoute Descartes : « Il semble qu'il ne s'ensuit pas pour cela qu'il y en ait aucun qui existe. » Surprenant : n'avions-nous pas *démontré* son existence ? Et il ne s'agit pas d'un retour au doute sur la validité de nos raisonnements, ces choses ont été réglées. En fait, cette objection a encore pour origine l'habitude de raisonner sur des essences qui n'enveloppent pas l'existence : d'ordinaire, nos démonstrations ne portent pas sur des existences, mais sur des relations entre des choses, qu'elles existent ou non. Ainsi, « de ce que je ne puis concevoir une montagne sans vallée, il ne s'ensuit pas qu'il y ait au monde aucune montagne, ni aucune vallée, mais seulement que la montagne et la vallée, soit qu'il y en ait, soit qu'il n'y en ait point, ne se peuvent en aucune façon séparer l'une d'avec l'autre ». Ce n'est pas parce que nous démontrons quelque chose à propos de quelque chose que cette chose existe. Notre pensée « n'impose aucune nécessité aux choses » : ou alors, pourquoi ne pas attribuer l'existence à un « cheval ailé » plutôt qu'à Dieu ?

Il faut répondre d'abord que, s'il est vrai que nos démonstrations ne démontrent jamais l'existence, mais toujours une relation intérieure à une essence, si elles attribuent des propriétés, mais ne posent pas l'être, dans le cas de Dieu, la relation démontrée, qui est bien une relation, est une relation à l'existence. Si on n'en concluait pas à l'existence de cet être, cela ne voudrait plus rien dire de lui attribuer l'existence ! Il se trouve, ici, que l'être pensé est un être nécessaire, qui se pose lui-même dans l'existence. Cette démonstration est donc bien une démonstration comme les autres, portant sur une relation.

Ensuite, si on conclut à l'existence de Dieu, ce n'est pas notre pensée qui le fait exister. Si cette conclusion est possible, ce n'est pas en imposant on ne sait quelle nécessité aux choses, mais parce qu'elle est vraie. C'est, dit Descartes, « la nécessité de la chose même [qui] détermine [notre] pensée ». Une démonstration est la pensée du nécessaire et vaut par là : la pensée se plie à l'évidence, si bien que les lois de la pensée sont les lois de la réalité et non pas des lois subjectives ; ce ne sont pas les lois de la pensée qui interdisent de penser une contradiction, mais le fait qu'une essence contradictoire est impossible. C'est dans l'imagination que l'on peut se représenter arbitrairement ce qu'on veut, parce qu'on ne se plie à aucun lien nécessaire ; au contraire, « il n'est pas en [notre] liberté de concevoir un Dieu sans existence », alors qu'on peut bien imaginer, si on renonce au nécessaire, tous les chevaux ailés qu'on voudra[1].

Cet argument repose donc sur **une véritable idée**, non sur une fiction. L'idée de Dieu est en nous exactement comme celle des êtres mathématiques et comme les autres essences rationnelles. C'est dire que l'idée de Dieu, loin d'être arbitraire, est la plus rationnelle de toutes nos idées et n'exige, présente en tout entendement, aucune révélation particulière. Il n'est pas nécessaire de renoncer à la raison pour trouver Dieu. Cette idée est si rationnelle qu'elle est même le modèle de toute objectivité. C'est la seule essence qui nous donne aussi l'existence (plus certaine, donc, que celle des choses matérielles). C'est aussi la seule idée entièrement *déterminée*, sans aucun caractère de généralité : c'est Dieu en propre que nous concevons, non *le* dieu. Le triangle, ce sont plusieurs sortes de triangles, c'est une infinité de triangles singuliers ; Dieu, en revanche, est un. Enfin, c'est la

---

1. L'archaïsme du texte français rend un peu obscure la dernière objection [9]. Le sens est pourtant clair. Selon cette objection, la preuve reposerait sur une hypothèse (« Dieu possède toutes [les] sortes de perfections ») qui serait gratuite. On pourrait alors, en admettant n'importe quelle hypothèse, démontrer n'importe quoi, par exemple qu'on peut inscrire un losange (« le rhombe ») dans le cercle. Ce qui est absurde. Descartes rappelle que sa preuve n'est pas un raisonnement par hypothèse, mais repose sur une véritable connaissance de Dieu. A chacun d'être attentif à son essence, dit-il à peu près, et de voir que c'est « très clairement et très nécessairement » qu'on Lui attribue ses perfections. En bonne géométrie aussi, d'ailleurs, on ne part pas de n'importe quelle hypothèse pour les besoins de la conclusion.

seule idée qui nous donne l'idée de l'éternité et de l'immu-
tabilité, que nous admettons, grâce à elle, dans les autres
essences.

En ce moment où toute la science va être confirmée, les
dernières pages de la *Méditation cinquième* offrent une
récapitulation de l'acquis des méditations précédentes.

[11] à [15] La levée du doute métaphysique rend possible une science certaine

Il convient de bien distinguer les deux niveaux de certitude, rationnel et métaphysique. Une certitude métaphysique (qui concerne des évidences garanties et constantes,
non simplement actuelles) est une certitude absolue sans
laquelle il n'y a pas de science, au sens strict. Reste que
c'est la certitude rationnelle qui est le fond de la certitude :
concevoir « clairement et distinctement », seule vraie
manière d'être certain, « il faut toujours en revenir là ».

Fonder l'évidence ne peut donc consister à la dépasser.
Lever le doute métaphysique ne saurait consister à établir
par un autre moyen que nos évidences sont certainement
vraies. Nous n'avons pas de moyen plus certain que l'évidence, nous n'avons jamais cessé d'être dans cette certitude, et toutes nos évidences, faciles à acquérir, ou difficiles, se valent quand on les a. Le doute métaphysique
n'empêche jamais une évidence d'être telle qu'elle
est vécue. Ce n'est donc pas cela qui a besoin d'être
garanti : ce qui dépend de Dieu, c'est la vérité des évidences
que nous ne vivons plus actuellement, et c'est cela seul que
fragilisait le doute métaphysique. Ce que Dieu apporte,
c'est donc la stabilité et l'éternité du vrai.

Cette exigence d'éternité ne relève pas d'un vain désir
d'absolu, nous en avons besoin si nous voulons construire
une science *entière* et ne pas nous contenter d'une rhapso-
die de certitudes actuelles. Nous ne pouvons considérer
toutes les vérités à la fois, et construire un savoir qui pro-
gresse de vérités en vérités (voir *Méditation troisième*, [28])
suppose que nous ne nous attardions pas sur chaque évidence. Sans cela, écrit Descartes, « je n'aurais jamais une
vraie et certaine science d'aucune chose que ce soit, mais

seulement de vagues [mobiles et changeantes] et inconstantes opinions ». Il faut donc que ces vérités demeurent, ce que seule garantit la véracité divine. C'est cette stabilité seule que détruisait le doute métaphysique ; c'est en obtenant la certitude, par Dieu, de cette stabilité que le doute, à son tour, est détruit.

La validation métaphysique du savoir ne dépasse donc pas la rationalité, mais la fonde en autorisant à tenir pour vraies nos évidences au-delà de ce qu'elles nous offrent actuellement.

Pour prendre l'exemple de la géométrie, c'est cela qui lui permet d'être une science déductive et développée, mais cette science ne cesse pas de tirer sa certitude de l'évidence claire et distincte. Un athée peut donc être géomètre avec autant de certitude qu'un autre, mais il ne peut pas *construire* une géométrie avec certitude, car elle ne reposerait que sur sa mémoire de l'évidence.

Une vérité rationnelle ainsi construite résiste à tous les doutes, y compris au plus redoutable, le doute naturel : « quand bien même je dormirais, tout ce qui se présente à mon esprit avec évidence est absolument véritable ».

Le projet d'une science certaine est donc largement accompli : une région entière de notre conscience est désormais absolument indubitable, celle des vérités rationnelles. Une métaphysique et une physique certaines sont possibles et seront vraies, que leur objet existe ou non. C'est justement l'existence de cet objet qui n'est pas encore certaine et reste sous le coup du doute naturel : il faut donc s'assurer de l'existence des choses matérielles. Cette tâche est celle de la méditation suivante.

Sixième Chapitre

MÉDITATION SIXIÈME
De l'existence des choses matérielles,
et de la réelle distinction
entre l'âme et le corps de l'homme.

[1] à [6] Comment s'assurer de l'EXISTENCE des choses matérielles ? L'imagination nous met-elle en présence de choses existantes ?

• *Vers l'existence*

Nous nous rapprochons maintenant du but. Il ne nous reste plus qu'à lever le doute naturel et à retrouver l'existence des choses, d'où nous étions partis. Mais il faut la retrouver correctement fondée, avec son poids de réalité extérieure et sensible, et sans revenir au préjugé.

Précisément parce qu'il est naturel, ce doute n'est pas facile à lever. Nous ne pouvons plus compter sur nos idées claires et distinctes, car cette région est celle des sentiments obscurs et confus, dont il est aisé de douter. Si c'est une vérité, l'existence du monde extérieur n'est pas une vérité rationnelle. Sa présence ne résiste pas au rêve. Il faudra trouver une autre voie, un autre type de certitude, ce qui ne veut pas dire moins de certitude.

Ce que nous savons, c'est que l'existence des choses matérielles est possible, parce que nous avons pu concevoir très clairement leur essence. Nous sommes à même de dire ce que Dieu peut ou non faire exister, voilà ce que nous livre le savoir de l'essence. Mais ce n'est pas parce qu'il est possible que le possible est existant : par définition, il peut aussi ne pas exister. Le propre des essences des choses matérielles est qu'elles n'enveloppent jamais l'existence : celle-ci est donc indémontrable.

• *Concevoir et imaginer*

Pour atteindre l'existence effective, il faut donc avoir recours à une autre faculté que l'entendement. Or nous avons une faculté qui nous sert « à la considération des choses matérielles » et qui nous persuade, très vivement, de leur présence : c'est notre « faculté d'imaginer ». Une chose pensante est une chose « qui imagine aussi, et qui sent » (*Méditation seconde,* [9]). Par cette faculté, il semble que nous soyons mis en présence des corps eux-mêmes. C'est cela qui distingue une essence et une chose existante : « Une certaine application de la faculté qui connaît au corps qui lui est intimement présent, et partant qui existe. » C'est de cette croyance en l'existence qu'il faut nous assurer.

Nous savons ce qu'est l'intellection. On tentera de caractériser l'imagination* par rapport à elle.

Concevoir un triangle, c'est penser la liaison nécessaire, en son essence, des propriétés qui le définissent. Il n'y a là que de la pensée pure, aucune image, aucune présentation de l'objet lui-même. En revanche, si j'imagine un triangle, « je considère ces trois lignes comme présentes par la force et l'application intérieure de mon esprit ». Le seul effort de la conscience a le pouvoir de faire surgir une image. C'est là, « proprement », *imaginer* : le géomètre qui imagine réussit en quelque sorte à voir la figure, mais sans la tracer et les yeux fermés. Dans l'imagination, l'esprit se découvre comme des « yeux » qui viennent fournir des images, apparemment étendues, aux essences qu'il conçoit.

Mais l'imagination est difficile : très vite confuse, elle ne peut se poursuivre indéfiniment et exige un effort que ne demande pas la conception. Comparer ces deux activités à propos d'un même objet fera voir clairement qu'elles fournissent des représentations qui n'ont rien de commun. Par l'intellection, la pensée saisit aussi bien, et sans plus de peine, un triangle ou un polygone de mille côtés (le « chiliogone »). C'est que l'intellection a affaire à une essence, qui n'a ni côtés, ni extension, quelle que soit la figure qu'elle définit, aurait-elle des milliards de côtés. Dans un cas comme dans l'autre, l'intellect a attribué *une* propriété à *une* figure. Au contraire, il est beaucoup plus difficile d'imaginer un chiliogone qu'un triangle, parce que imaginer ne consiste pas à concevoir une définition, mais à produire une image qui doit ressembler à ce qu'elle représente. L'image du triangle doit être, en quelque façon, étendue. Pour un chiliogone, on voit que notre imagination sera dépassée au bout d'une dizaine de côtés, et, comme dans la brume, n'imaginera plus rien du tout en fait : elle ne peut plus compter le nombre des côtés et la représentation proposée pourra être indistinctement celle d'un chiliogone ou d'un « myriogone » (dix mille côtés).

Une image n'est donc pas un concept, et l'imagination est une faculté spécifique : « J'ai besoin d'une particulière contention d'esprit pour imaginer, de laquelle je ne me sers point pour concevoir. » « Contention » est effort : effort nécessaire pour fournir son image au concept, pour trouver qu'il faut représenter le concept de cercle par un cercle, pour traduire des propriétés d'essence dans l'étendue et pour faire tenir cette image devant notre attention.

Il y a donc bien, dans l'imagination, quelque chose d'hétérogène par rapport à l'esprit : on a affaire à des représentations *étendues*. D'où il faut peut-être conclure que l'imagination « dépend de quelque chose qui diffère de [notre] esprit ». En ce cas, l'existence de choses effectivement étendues serait requise, et l'on pourrait comprendre comment l'esprit, lorsqu'« il se tourne vers le corps », au lieu de se réfléchir en lui-même, rencontre cet élément étranger qui lui permet, en imaginant, de donner une image à ses concepts. L'image est donc une réalité spécifique et ne se réduit pas à une conception confuse.

Cela permet-il d'affirmer l'existence de choses extérieures ? C'est une hypothèse qui expliquerait assez bien le vécu de l'imagination, mais dont nous ne pouvons être certains : nous trouvons dans cette imagination une « idée distincte de la nature corporelle » (*distincte,* parce que cette imagination, qui est celle du géomètre, nous fournit l'extension irréductible à la pensée, en excluant les qualités sensibles), mais rien n'en indique l'existence, sinon une croyance obscure. Les images elles-mêmes ne représentent que des corps possibles. Peut-être est-ce une étendue réelle qui rend compte de notre capacité à imaginer des figures, mais une figure géométrique imaginée n'implique en rien l'existence de corps ayant cette figure. Nous n'avons donc pas quitté le champ du simple possible.

Toutefois, l'imagination ne se réduit pas à celle du géomètre. N'oublions pas ces images qui nous viennent « par l'entremise » des sens ou de la mémoire : ces qualités sensibles, hétérogènes à la pensée, mais que nous saisissons assez bien « par cette façon de penser, [que nous appelons] sentir ». Cette région est très confuse, mais il se pourrait que ce soit la sensation qui nous conduise à l'existence des choses. C'est du reste ce que nous croyons spontanément.

[7] à [12] C'est dans la région des sensations que s'enracine notre croyance en l'existence de corps matériels

Nous retrouvons ici les préjugés auxquels nous avons renoncé, notre conscience la moins intellectuelle, mais aussi la plus vivante et la plus colorée. Mais maintenant, au lieu du doute systématique, nous allons entreprendre une analyse raisonnée de cette conscience, pour voir ce qui peut en être sauvé. Désormais, on laisse parler notre rapport sensible au monde, le moi pensant s'ouvre pleinement à l'extériorité dans ce qu'elle a d'irréductible, il prend corps. C'est, au fond, l'expérience même de la naissance, qui fournit un modèle du sentiment de l'existence.

• *Prendre corps*

Cette conscience est d'abord conscience d'avoir un corps, et même, peut-être, d'être un corps (« peut-être aussi comme le tout »). Cette croyance est sentiment de son propre corps et sensation des autres corps, elle est marquée affectivement, éprouve plaisir ou douleur. Cette conscience éprouve tous les sentiments, toutes les joies, toutes les peines, toutes les passions d'un vivant, elle porte le poids de son corps, avec tous ses désirs et toutes ses craintes. Les corps extérieurs sont habillés de leurs qualités sensibles qui permettent de la reconnaître, de les nommer, de les aimer : ce monde est organisé et habitable, et sa confusion fait son prix. Nous ne vivons pas dans une étendue homogène et incolore, mais au milieu d'objets qui échappent à toute réduction géométrique : « le ciel, la terre, la mer », cela n'a pas la transparence de l'extension pure, mais l'épaisseur et le rugueux de l'existence.

Faisons justice de cette légende qui voudrait que la conscience cartésienne se retire du monde : il faut lire les *Méditations* en entier. Nous ne nous sommes éloignés du monde que pour mieux le récupérer, pour *donner raison* à nos sentiments les plus incarnés.

Le vécu de cette conscience est donc abordé maintenant avec un préjugé favorable. Ce vécu, écarté dans la *Méditation troisième*, revient : l'indépendance des représentations par rapport à notre volonté, la vivacité des impressions sensibles, tout cela fait croire irrésistiblement qu'il y a des choses. L'ordre des certitudes bascule à nouveau : qu'est-ce qu'une idée pure à côté d'une représentation sensible ? Nous revenons à l'empirisme et croyons, selon l'adage scolastique*, qu'il n'y a « aucune idée dans [notre] esprit qui n'eût passé auparavant par [nos] sens ».

La croyance en notre propre corps n'était pas « sans quelque raison ». Nous éprouvons à son égard un sentiment puissant de propriété : ce corps est tellement à nous qu'il est presque nous-mêmes, nous ne pouvons prendre par rapport à lui la distance et le détachement qui sont possibles à l'égard des autres corps. La douleur, le plaisir, la faim sont des sentiments irréductiblement nôtres.

Dans le rapport de notre corps à nous-mêmes, sans que nous le comprenions, mais irrécusablement, l'étendue devient pensée, les modifications matérielles de notre corps deviennent conscience et prennent un sens : pourquoi la douleur nous fait-elle *souffrir* ? Comme si la brûlure de notre main atteignait la conscience elle-même. Comment « cette je ne sais quelle émotion [c'est-à-dire mouvement] de l'estomac » qu'est la faim devient-elle une pensée, comme désir de manger ? De même pour la sécheresse du gosier et la « soif ». Nous ne savons pas pourquoi nous jugeons ainsi, mais ces jugements nous semblent irrécusables. Toutes ces choses nous semblent fondées, comme des enseignements de « la nature » : nous serions ainsi faits que nous aurions en nous une puissance de juger correctement sans savoir et sans connaître, comme par un instinct. L'obscurité de la représentation n'empêche pas de vivre une certitude entière.

La région des vérités rationnelles ne pouvait pas nous conduire à l'existence (excepté pour Dieu), car la croyance en l'existence appartient à la région occupée par nos sens : ce n'est pas une connaissance, mais un sentiment nécessairement obscur, une sorte de foi. Le problème est de savoir si nous pouvons valider ce sentiment, comme nous l'avons fait pour nos connaissances rationnelles.

[13] à [16] Aisé à produire, le doute naturel est difficile à lever

Cette certitude instinctive est malheureusement très fragile : il faut rappeler les nombreuses raisons de douter examinées dans la *Première Méditation* ; on ajoutera même une observation qui ruine la valeur de la vivacité des sensations. Descartes a vu, à la guerre, des soldats amputés se plaindre de « sentir de la douleur dans la partie qui leur avait été coupée ». Cela prouve qu'il n'est pas nécessaire d'avoir un corps pour éprouver les sensations les plus vives ! Il y a des cas où nos sensations sont rigoureusement trompeuses, même lorsque nous percevons les modifications de notre propre corps.

Mentionnons encore, pour mémoire, le cas du rêve et l'hypothèse, qui n'a pu être écartée tout au début, d'un Dieu trompeur ([14]).

D'autre part, les arguments en faveur de la véracité de nos sensations ont été rendus impuissants : la *Méditation troisième*, aux paragraphes [12] et [14], a montré qu'on pouvait parfaitement expliquer nos sensations et sentiments sans supposer des choses extérieures. On a montré aussi ce qu'avait d'obscur la notion d'*enseignement de la nature* : un instinct n'est pas une idée claire et distincte et n'offre par soi aucune évidence, quelle que soit sa force.

Cependant, maintenant que nous retournons vers le monde, le doute hyperbolique n'a plus de raisons d'être : nous savons que les choses sensibles sont moins certaines que les vérités rationnelles, mais nous remettons les pommes dans le panier et nous cherchons ce qui peut être récupéré. Si tout n'est pas certain dans la certitude sensible, cela ne veut pas dire que tout y soit incertain. Si nous savons faire un partage précis, ce que nous croirons du sensible reposera sur de solides raisons : « Je ne pense pas à la vérité que je doive témérairement admettre toutes les choses que les sens semblent nous enseigner, mais je ne pense pas aussi que je les doive toutes généralement révoquer en doute. » On renonce donc au doute global et systématique[1].

[17] à [20] Les choses matérielles sont, dans leur concept, distinctes de nous. Même s'il est obscur, on peut se fier au sentiment qui nous fait croire en leur existence

Prouver correctement l'existence des choses extérieures, c'est d'abord prouver, à partir de leur essence, qu'elles sont distinctes de nous. Qu'elles existent ou non, nous pouvons être certains qu'elles sont autres que nous. Ensuite, si l'on peut montrer qu'une *action* effective est exercée par elles sur nous, nous serons certains de leur existence, car cette action exprimera une autre substance que la nôtre et ne pourra pas avoir été produite par nous-mêmes. Il suffit donc de montrer que, si l'esprit et le corps sont deux substances différentes, la représentation, en nous, de choses corporelles ne peut s'expliquer par la conscience seule et implique l'existence de corps extérieurs.

• *La distinction de l'âme et du corps*

Elle se démontre facilement et très certainement, puisque nous avons l'idée claire d'une telle distinction : nous pouvons concevoir par deux idées claires, rigoureusement séparées, et la substance pensante et la substance étendue. Nous pouvons penser entièrement l'une sans penser aucunement l'autre. Cette évidence autorise à conclure que cette distinction est *réelle* : si ces deux substances existent, elles existent indépendamment l'une de l'autre, Dieu pouvant les produire indépendamment. C'est une séparation *essentielle*.

Il en résulte que, si le moi pensant (seul certain de lui-même) a un corps (ce qui n'est pas impossible, et sera bientôt certain), ce corps n'est pas le moi pensant. Donc, *si nous avons un corps, ce corps est bien un corps et non une simple conscience de corps ;* il existe extérieurement à nous.

1. Notons que ces mots réduisent à néant les interprétations de la philosophie cartésienne qui y voient une pensée du doute radical, de la récusation du corps, du monde et du sentiment. Au contraire, Descartes veut fonder en raison le domaine de l'existence concrète et de la vie, sur son terrain, et sans intellectualisme.

Cela est riche de conséquences :

1° même s'il est nôtre, notre corps n'est pas nous, car le seul être dans lequel nous pouvons nous reconnaître est notre être pensant. Le *je* qui a un corps n'est pas le corps ;

2° si on appelle homme l'union d'un corps et d'un esprit, alors en effet nous sommes des hommes, mais il reste vrai que nous sommes esprits avant d'être hommes, et plus fondamentalement. Le cartésianisme est un spiritualisme avant d'être un humanisme. Notre première certitude n'est pas celle de notre humanité.

• *Y a-t-il dans notre conscience des représentations qui supposent l'extériorité ?*

Parmi les activités que nous avons déjà relevées, certaines ne peuvent se concevoir sans une conscience. Ainsi, *imaginer* et *sentir* sont des activités qui « enferment quelque sorte d'intellection », car elles exigent au moins de penser. Ce sont des « modes* ou accidents » de la substance pensante, qui n'impliquent aucune substance matérielle. Mais d'autres activités que nous nous représentons, comme bouger ou « changer de lieu », ne peuvent pas se concevoir sans un corps étendu qui en soit le support. Une conscience ne peut pas se lever et marcher ; seul un corps le peut, et n'a besoin pour cela d'aucune conscience.

En outre, nous avons « une certaine faculté passive de sentir ». Cela veut dire que nous avons en notre conscience des représentations dont nous ne sommes pas auteurs, puisque nous ne pouvons pas les produire à notre gré (comme dans l'imagination). Elles sont de la pensée, mais passives et subies, elles supposent une action extérieure au moi. On l'a vu dans la *Méditation troisième*, [15] à [17], et ce point n'a jamais été nié : ce qui a été nié, c'est que cette action soit celle de choses matérielles existantes. Maintenant, nous savons que la cause de cette action ne peut pas être en nous sans que nous le sachions (l'hypothèse d'une sphère inconsciente dans la conscience même est absurde. Si inconscient il y a, il est forcément extérieur, donc corps) et qu'elle doit être matérielle, puisque les représentations qui en sont l'effet expriment une matérialité (le mouvement local) qui exige une cause qui la contienne, formellement ou éminemment (remarquons que Descartes reprend les outils conceptuels mis en œuvre pour la *Méditation troisième*, [15] à [17]). Si cette cause, dont l'existence est donc certaine, contient « formellement » l'étendue représentée en nos sensations, il s'agit des choses corporelles ; mais, si elle la contient « éminemment », il s'agit de « Dieu même, ou (de) quelque autre créature plus noble que le corps » (cette dernière hypothèse fournira la théorie de Berkeley*, qui est un *immatérialisme*).

Si donc nous sommes certains de l'existence d'une cause extérieure, nous ne sommes pas encore certains qu'il s'agit de corps matériels. Rationnellement, nous ne pouvons prouver davantage. Mais il existe un moyen, indirect, d'obtenir une parfaite certitude : n'y a-t-il pas aussi, dans notre représentation des choses sensibles, une croyance très ferme, irrécusable, pour ainsi dire enseignée par la nature, que nos images sont celles de choses matérielles ? Certes, il s'agit d'un sentiment confus, nullement d'une idée claire et distincte, par quoi nous n'en pouvons rien conclure. Mais il reste que si cette croyance, que nous ne saurions critiquer sérieusement, était fausse et nous induisait en erreur, Dieu serait trompeur, ce qui a été rigoureusement exclu : « partant, il faut confesser qu'il y a des choses corporelles qui existent »[1].

[21] à [25] Les enseignements de la nature

Même si l'existence des choses sensibles est certaine, il reste que nous ne les connaissons que très incertainement : en dehors des qualités premières, réductibles à « la géométrie spéculative », les qualités sensibles ne nous offrent rien de clair et semblent nous tromper souvent. Le doute naturel tient bon.

Pourtant, l'assurance que Dieu n'est point trompeur nous oblige à tenter de le lever complètement : c'est bien la totalité du réel, y compris en ce qu'il a de plus confus, que

---

1. Nous insisterons sur le fait que Descartes ne prouve pas *par le raisonnement* l'existence des choses extérieures. C'est un trait de réalisme : un raisonnement — excepté dans le cas de Dieu — ne peut attester que le possible. Au contraire, Descartes valide notre croyance spontanée par le raisonnement, ce qui est reconnaître que l'existence des choses, au fond, ne peut être appréhendée que par les sens.

Descartes entend recueillir. L'enjeu est comparable à celui de la *Méditation quatrième* : au lieu d'innocenter notre pouvoir de connaître, il s'agit ici d'innocenter notre pouvoir de sentir. Ce qu'on appelle « la nature » relève en fait de Dieu même, car c'est « l'ordre et la disposition que Dieu a établi dans les choses créées ». Une imperfection dans l'ordre de la nature remettrait en cause la véracité de Dieu ou sa puissance.

Même si ce que nous « enseigne » la nature dans les sentiments qu'elle produit n'est en rien une connaissance, ces sentiments sont représentatifs et ont un sens, il y a en eux « quelque vérité » : ils ne se réduisent pas au simple vécu, mais enseignent quelque chose qui peut être utile ou nuisible, presque toujours vital. La sphère du sentiment et ses significations se rapportent à la conduite de la vie et à la direction de notre être matériel plutôt qu'à la connaissance. Il y a une vérité de la douleur en ce qu'elle nous fait connaître une atteinte à notre intégrité corporelle ; elle nous indique la maladie ou la blessure et est salutaire en nous incitant à fuir ce qui est mauvais. De la même façon, la soif et nos autres sentiments nous informent sur l'état de notre corps et induisent un comportement adapté, comme de boire, si on a soif. En nous faisant suivre le plaisir et fuir la douleur, la nature nous guide et, quoique de façon non réfléchie, elle nous enseigne beaucoup de choses.

• *L'union de l'âme et du corps*

Le principal enseignement de la nature, que nous avons délibérément refusé pour pouvoir construire notre science de l'intelligible, c'est que notre corps est notre propre corps. Nous ne le possédons aucunement à la façon des choses extérieures. Il a beau être étendu et matériel, et notre pensée spirituelle et inétendue, nous vivons et ressentons une si étroite union avec lui qu'il semble que, en notre être complet, nous en soyons inséparables. Par notre humanité, nous ne faisons qu'un avec lui, corps et âme.

Assurément, ces deux substances ne peuvent être conçues clairement que si on les sépare, et elles sont *réellement* distinctes. Mais nous vivons leur unité comme une troisième substance simple qui définit l'homme vivant. En ce sens, il est vrai que nous sommes aussi notre corps, et tous nos sentiments sont là pour nous rappeler qu'une atteinte à notre corps est toujours une atteinte à nous-mêmes. Nous ne sommes pas logés en lui « ainsi qu'un pilote en son navire », car nous ne faisons qu'*un* avec lui. Cette union, c'est le sentiment qui la prouve : ce n'est pas l'intellect qui nous apprend qu'une mouche nous pique, cela ne nous ferait pas mal. Nous sentons, pour ainsi dire, que son dard ne s'enfonce pas moins dans notre âme que dans notre peau. L'étendu et l'inétendu se confondent en nous. Notre âme, par la sensibilité, rayonne à travers toute la surface et l'épaisseur de notre corps dont il n'est pas un point qui ne soit aussi âme.

Une telle unité *substantielle* (qui n'est pas juxtaposition, mais unité simple) est forcément confuse et inconnaissable : la réduire à l'une ou l'autre substance serait en manquer l'originalité. Ce n'est pas moins détruire le sentiment que de le ramener à la pensée pure plutôt qu'à une mécanique strictement corporelle. Le sentiment étant inconnaissable par essence, nous ne l'atteignons qu'en l'éprouvant, et le plaisir de vivre n'aurait aucun sens si nous n'étions indissolublement corps et âme, ce qui fait de la vie la plus merveilleuse de nos passions, qui sont toutes bonnes, comme se plaît à le répéter Descartes. Si nos sentiments ne nous font rien connaître, ils aident à vivre.

[26] à [30] Ce que nous enseigne la nature est-il vrai ou faux ? Solution générale du problème

Cependant, la nature, c'est-à-dire nos sens, nous enseigne beaucoup d'autres choses, dont la signification vitale n'est pas évidente, et qui semblent bien être des connaissances assez souvent trompeuses : n'est-ce pas la nature, par nos yeux, qui nous enseigne que le soleil est fort petit, qui nous fait prendre une tour carrée pour une tour ronde, qui nous fait croire au vide, sous prétexte que l'air est invisible ou, en général, qui nous porte à attribuer aux corps les qualités sensibles subjectives ? La liste des illusions de nos sens est inépuisable. Y aurait-il une fausseté de la nature ?

Pour peu qu'on retienne une définition un peu stricte de la nature, surtout de notre « nature en particulier », composé substantiel âme-corps, c'est un malentendu. En ce sens « resserré », notre être est celui d'un vivant doué de conscience, et ce qu'enseigne la nature, ce sont ces instincts ou ces lois par lesquels, sans avoir à y réfléchir, le vivant règle son comportement dans son milieu et organise la sphère de son activité vitale. Prise en ce sens, la nature ne saurait être responsable des erreurs de nos sens. Elle nous enseigne seulement à fuir ou à désirer certaines choses, en disposant le rapport de l'âme et du corps. Elle ne nous fait rien connaître par là. Connaître relève non des sens mais du jugement, comme on l'a déjà vu, notamment à la *Méditation seconde* : ce ne sont pas nos sens qui nous trompent, c'est *nous* qui nous trompons. L'erreur de jugement vient seulement de ce qu'on se prononce à propos d'une représentation qui ne nous fournit nullement l'objet dont on juge : une image n'est pas une idée.

Nos sens sont donc entièrement innocents. A la différence de l'évidence, ils ne nous inclinent à aucun jugement ; ils nous fournissent exactement ce qu'ils doivent : les lois de l'optique montrent que nos yeux nous représentent le soleil comme ils le doivent, en le représentant fort petit. C'est toujours l'entendement qui juge : c'est lui, non le toucher, qui redresse le bâton paraissant brisé dans l'eau, en donnant raison au toucher.

• *En quel sens un sentiment peut-il être faux ?*

Toutefois, si, comme nos idées, nos représentations sensibles comme telles ne sont ni vraies ni fausses, la comparaison s'arrête là. Nos sens sont principalement innocents en ceci que leurs représentations ne se rapportent pas à la sphère du vrai et du faux dans la connaissance. Mais, dans leur propre sphère, ils ne sont pas neutres : ils offrent des perceptions « assez claires et assez distinctes » pour déterminer un comportement ; ce sont bien des enseignements de notre nature. A la différence de l'idée, un tel enseignement peut être vrai, ou faux : par exemple, si ce que la nature nous présente comme agréable, ce qui nous incline à le rechercher et à le juger utile, se révèle nuisible. Nous nous confions donc aveuglément à la nature en suivant ses inclinations sans les comprendre, nous croyons qu'une viande, parce qu'elle est appétissante, sera bonne pour notre santé. Et si on a « mêlé du poison » à cette viande, nous ne la désirerons pas moins. La nature ne doit pourtant pas être accusée, à propos de cet exemple : c'est la viande qu'elle nous fait désirer, non le poison. Notre nature est finie, elle n'avait pas à nous avertir d'un tel danger. En ce qu'ils ont de positif, nous pouvons donc nous fier à nos instincts.

[31] à [41] Y a-t-il des erreurs de la nature ?

• *Le cas de l'hydropique*

Notre nature n'est pas encore, pour autant, innocentée. Il existe, semble-t-il, des cas flagrants d'erreurs de la nature, où c'est bien son enseignement qui nous trompe. L'analyse doit s'approfondir : nous abordons une enquête difficile, comparable à celle de la *Méditation quatrième*. La conclusion sera peut-être plus réservée : s'il faut reconnaître que la nature peut faillir, cette erreur ne pourra pas être transfigurée par l'effet d'un libre-arbitre inconcevable dans la sphère de l'instinct.

Alors que l'esprit ne se trompe que par liberté, il arrive au vivant d'errer, sans qu'on y puisse voir une signification, par maladie. Pour le vivant, la transgression de ses normes est une errance.

La suspicion tombe, ici, sur la nature même : comment l'innocenter d'avoir fait des *hydropiques*, qui meurent de soif alors que boire leur est mortel ? Point de libre arbitre pour innocenter le Créateur, une nature malade est une « nature corrompue », car l'hydropique n'est pas coupable de son hydropisie comme le moi pensant l'est de ses erreurs.

Pourtant, peut-on parler exactement d'une nature « fautive et trompeuse » ? Une telle expression suppose l'institution d'une norme, ou d'une finalité qui assigne une fonction à chaque nature. On s'aperçoit alors que, si l'on considère la nature mécaniquement, comme ensemble de causes agissant les unes sur les autres, elle respecte *toujours* ses lois, elle n'est jamais fautive. Les défaillances ne peuvent apparaître que par rapport à une fin. On en revient toujours à ce qui fait la difficulté de toute pensée normative : tout ce qui arrive est toujours conforme à la nature, ses lois sont toujours respectées. Il y avait donc peut-être une excessive richesse de notre précédent concept de la nature, comme nous enseignant l'utile : les malades n'observent pas moins les lois de la nature que les bien-portants et il semble que le vivant prête à la nature son propre désir, la santé, en la jugeant d'après une finalité qui n'est qu'un mot, « une dénomination extérieure », par rapport aux lois de la nature. Si nous comparons la machine de notre corps aux horloges, que nous fabriquons, nous voyons aussitôt que c'est par rapport au désir de l'horloger, qui lui impose la fin de marquer l'heure, qu'une horloge peut être dite fautive. On sait bien que l'horloge déréglée observe parfaitement les lois de la mécanique, et que c'est justement pour cela qu'elle ne remplit pas sa fin, si quelque rouage est brisé. Et l'on peut toujours expliquer une maladie par ses causes, qui sont naturelles. L'hydropique n'est nullement une erreur de la nature, c'est le vivant, en exigeant un organisme sain, qui exige quelque chose de plus qu'un organisme seulement conforme à la nature. La santé ne peut pas se penser dans les termes des lois de la biologie seule, qui sont toujours respectées.

Il y aurait donc une solution qui innocenterait la nature : renoncer à une pensée normative et finaliste, ne pas vouloir pénétrer les fins de la nature ni la juger par rapport aux nôtres. Le désir du vivant d'avoir la santé serait subjectif et arbitraire, comme toute pensée finaliste (voir *Méditation quatrième*, paragraphe [7]).

- *Vouloir la santé est une fin légitime*

Ce serait pourtant une erreur de s'en tenir à cette analyse et le problème est loin d'être clos. Il y a des cas où il faut penser en termes de finalité, et où celle-ci a quelque objectivité. S'agissant de la santé du vivant, une réduction de la biologie à la mécanique serait aberrante, car, à son niveau spécifique, la notion de norme est fondée. Une machine, précisément, ne peut pas être considérée sans référence à sa fonction. Une machine sert à quelque chose et ce n'est pas un jugement subjectif qui déclare une horloge déréglée ou une machine mal faite. Lorsque les fins ne dépassent pas notre entendement, elles ont quelque chose d'objectif et il est légitime d'en juger. Si nous avons refusé, en physique, toute considération de finalité, c'est que justement nous ne pouvons pas savoir à quoi sert la création et que c'est le secret de Dieu. Mais nous savons parfaitement à quoi servent, ou doivent servir, les machines de notre invention. Or, il en va de même dans le cas du vivant humain, corps et âme : il constitue une totalité dont l'ordre est repérable et qui est la santé. Le « corps hydropique » n'est pas seulement un corps physique relevant des lois générales de la nature, c'est un corps humain, uni à une âme. Par là, il existe sous certaines lois d'organisation qui définissent des normes, par rapport auxquelles il est une machine plus ou moins adaptée. On est en droit de dire que cette fonction s'accomplit incorrectement si sa disposition l'amène à des mouvements susceptibles de le détruire. La maladie met en question l'union de l'âme et du corps : dans une union qui est réelle, c'est un désordre réel, c'est un défaut réel que le corps signifie la soif à l'âme, lorsque boire lui est nuisible.

• *L'explication mécanique de l'union de l'âme et du corps montre que notre nature est bien faite*

Encore qu'elle soit inconnaissable, mais seulement vivable, l'union de l'âme et du corps présente des difficultés qui peuvent être éclairées. L'esprit n'est pas seulement inétendu alors que le corps est étendu, il est aussi indivisible (on ne peut rien lui enlever, il est toujours ce qu'il est) alors que le corps est divisible, composé d'une multiplicité de parties. L'âme doit donc être unie à toutes les parties du corps, mais cette union s'opère plus particulièrement en un point, presque inétendu pour mieux approcher la pensée, point qui est comme un centre recueillant tout ce qui vient de la périphérie. C'est le centre du cerveau qui est le siège privilégié de l'union de l'âme et du corps, point qui est à la fois en rapport avec l'âme, et relié, par les filets nerveux, à toutes les autres parties du corps. En ce lieu, les mouvements multiples de la sensibilité se transmettent à une conscience une. Ainsi, avons nous deux yeux pour ne voir qu'une seule image. C'est l'âme qui voit, non l'œil.

Le bon fonctionnement de la sensibilité consciente dépend par conséquent de la correcte adaptation à cette fin de l'ensemble du système nerveux. Au paragraphe [35], Descartes fournit une description *mécanique* de ce système : elle montre que cette machine est admirablement conçue pour sa fin, puisque, grâce à ce réseau de cordes, l'esprit peut à la fois éprouver lui-même la sensation et la localiser dans une partie du corps. Notre nature ne peut donc être accusée ; un jugement final fondé en montre la parfaite adaptation : « On ne peut rien en cela souhaiter ni imaginer de mieux. » Ainsi fonctionnent « les enseignements de la nature » qui n'expriment que l'adaptation organique du vivant à ses fins et à la vie. Cela fonctionne bien. On peut dire qu'en général toutes nos sensations sont utiles « à la conservation du corps humain ».

Simplement, la mécanique même de ce fonctionnement ne saurait échapper à des désordres accidentels, qu'on peut toujours expliquer, sinon justifier. Même la meilleure horloge peut se rompre, cela ne veut pas dire qu'elle était mal faite. Telle est la maladie : le cas malheureux de l'hydropique ne remet pas en question l'excellente disposition du vivant humain. Une lésion du système nerveux ne signifie pas qu'il est mal conçu, mais seulement qu'il n'est pas à toute épreuve, ce à quoi une nature finie doit inévitablement s'attendre. La maladie relève de l'accident et ne saurait être imputée à la nature. C'est pourquoi, au fond, l'écart du vivant par rapport à ses normes ne peut se penser qu'en termes statistiques : la bonne santé reste le cas de la plupart des vivants et l'on peut valider la disposition de notre nature tout en reconnaissant, pour le reste, son « infirmité » et sa « faiblesse »[1].

[42] et [43] Le doute peut être intégralement levé

Ainsi, pouvons-nous « rejeter tous les doutes de ces jours passés, comme hyperboliques et ridicules ». Nous retrouvons à la fin tout ce à quoi nous avons renoncé au début. Nous avons reconnu que nos erreurs n'étaient jamais le fait de notre nature, y compris les erreurs de nos sens. Le savoir véritable dont nous avons construit les principes nous permet de toujours juger correctement, même ce qui se rapporte à la vie. Nous voyons ainsi que même le

---

1. On remarquera que ces conclusions sont *naturalistes* et *épicuriennes* : dans la conduite de notre vie, il faut « suivre la nature ». Nos instincts ne nous trompent pas, le plaisir nous montre l'utile, et il n'y a aucune raison de s'y refuser. C'est tout le contraire d'un ascétisme méprisant le corps. Descartes oublie ici son christianisme : que deviennent le péché originel et la déchéance de notre nature ?

doute naturel n'est pas raisonnable : ce ne sont pas quelques exceptions explicables qui peuvent nous faire renoncer à la confiance que nous accordons, en général, au sensible. Au rejet systématique qui répondait à l'aveugle confiance des préjugés peut succéder une confiance raisonnée et attentive. L'argument du rêve, aussi, dont nous n'étions pas venus à bout, est repoussé : nous savons assez le distinguer de la veille, nous savons que la réalité est une liaison cohérente et intelligible, et non pas la fantasmagorie de nos songes.

Il fallait donc pousser le doute jusqu'à son terme : cela nous a permis de reprendre pied sur un sol inébranlable et de faire apparaître une réalité plus solide qu'aucune conscience spontanée n'en a jamais connu.

Tout notre savoir, maintenant métaphysiquement fondé, peut conduire à un progrès presque infini, puisque de la physique pourront sortir, portant la philosophie à son achèvement, ces sciences utiles à la vie que sont « la médecine, la mécanique et la morale ». Et Descartes précise, dans la lettre préface des *Principes de la philosophie* : « J'entends la plus haute et la plus parfaite morale, qui, présupposant une entière connaissance des autres sciences, est le dernier degré de la sagesse. »

Conclusion

Les Méditations apportent à la philosophie la découverte de la subjectivité et, surtout, la découverte que le fondement absolu est, avant l'être même, le sujet en première personne. Cette découverte inaugure la **modernité**. Elle coïncide également, on l'a vu, avec la naissance de la science au sens moderne de ce mot, comme science, postgaliléenne.

Mais il appartenait aussi à l'avenir de réfléchir cette découverte. Si la science classique en a recueilli et fait fructifier l'héritage avec une efficacité méthodique qui en a fait la gloire, on peut se demander, au contraire, si la philosophie n'en a pas surtout recueilli, comme il se doit, les problèmes.

D'abord, et dès son époque, Descartes a laissé ouverte une difficulté qui sera la croix de la philosophie et qui affleure dans *Les Méditations* : le problème de l'union de l'âme et du corps, en effet incompréhensible.

Ensuite et surtout, si *Les Méditations* sont devenues un modèle de rigueur, articulant recherche de la radicalité et retour sur le sujet, elles témoignent aussi, aux yeux de ceux qui en retravailleront le chemin, de singuliers effets.

On sait comment Kant a reproché à Descartes, en faisant du sujet pensant une *chose* pensante, de poser abusivement une âme substantielle. Mais c'est Husserl qui a montré comment Descartes, en faisant de l'*ego* une chose, sur le modèle du monde extérieur, aboutit à dissocier le savoir du moi et le savoir de l'extériorité, si bien que la science moderne se perdra dans l'objectivité et proposera une rationalité qui ne pourra plus comprendre la conscience et la vie. Faute d'une réduction assez radicale de l'*ego*, Descartes aurait manqué « l'orientation transcendantale ».

Il reste que, même si Descartes ne va pas jusqu'au bout de son propre projet, selon Husserl, il a, avec *Les Méditations*, montré la direction : **toute recherche du fondement absolu est une recherche dirigée vers la subjectivité.** En cela au moins, la recherche des *Méditations* montrera toujours la voie.

Glossaire

Animisme : doctrine selon laquelle le mouvement des corps matériels serait dû à une âme, pas nécessairement spirituelle.

Apparent : en français du XVIIe siècle, *clairement visible*.

Archimède : mathématicien et savant, inventeur du levier. Né à Syracuse (287-212 av. J.-C.).

Aristote : philosophe grec (384-322). Sa doctrine fit autorité pendant des siècles, notamment en physique.

Berkeley : philosophe anglais (1685-1753). Démontra l'inexistence de la matière.

Cercle : faute de raisonnement qui consiste à démontrer A par B, alors qu'on ne peut démontrer B que par A.

Contingence, contingent : non nécessaire. Est contingent ce qui n'a pas en soi-même la cause de son existence.

Cosmologique (preuve) : preuve de l'existence de Dieu construite à partir de l'existence du monde, notamment de sa contingence. C'est la preuve de saint Thomas.

Critique (philosophie) : une philosophie est critique lorsqu'elle examine les limites de sa propre validité et de la raison.

Décevoir : en français du XVIIe siècle, *tromper*.

Épistémologie : discipline qui prend les sciences pour objet sans s'interroger, philosophiquement, sur ce qu'elles sont.

Forme : synonyme de *définition*. Principe de l'identité d'un être.

Imagination : le sens cartésien, et classique, de ce mot est plus large que le sens contemporain. Il désigne toute activité ayant affaire à des images, donc non seulement ce qui relève de la mémoire ou de la fiction, mais aussi ce qui relève de la sensibilité. Voir *Méditation sixième*, [1] à [6].

Mécanique : partie de la physique consacrée à l'étude du mouvement.

Mode : ce dans quoi une substance* se diversifie ou se détermine. Les figures sont des modes de l'étendue.

Qualités : les *qualités premières* sont les qualités des corps matériels qui ne changent jamais et sont toujours perçues. Les *qualités secondes*, ou *sensibles*, peuvent se modifier et tombent du côté de la subjectivité.

Scepticisme : le scepticisme antique pose qu'il n'y a pas de vérité et vise à atteindre la tranquillité par le doute généralisé, produit en opposant les représentations les unes aux autres.

Scolastique : philosophie enseignée dans les Écoles du Moyen Âge, développant de diverses façons la tradition d'Aristote.

Solipsisme : fait de l'enfermement de la conscience en elle-même, incapable d'atteindre ni autrui, ni le monde.

Sophisme : faute de raisonnement qui entraîne une démonstration seulement apparente.

Substance : ce qui peut être conçu par soi et n'est pas dit d'autre chose, à la différence des *accidents*.

Sujet : la conscience en première personne en tant qu'elle s'oppose à ses objets.

Imprimerie Jean-Lamour, 54320 Maxéville
Dépôt légal : novembre 1992 — Dépôt légal 1re édition : juin 1987
Imprimé en France.